名贤家训

学教子

徐向明 译评

凤凰出版社

图书在版编目（CIP）数据

向名贤家训学教子 / 徐向明译评. -- 南京 : 凤凰出版社, 2014.4（2024.12重印）
ISBN 978-7-5506-1969-2

Ⅰ. ①向… Ⅱ. ①徐… Ⅲ. ①家庭教育—通俗读物 Ⅳ. ①G78-49

中国版本图书馆CIP数据核字(2014)第056322号

书　　名	向名贤家训学教子
著　　者	徐向明　译评
责任编辑	傅　扬
出版发行	凤凰出版传媒股份有限公司 凤凰出版社(原江苏古籍出版社) 发行部电话025-83223462
出版社地址	南京市中央路165号,邮编:210009
出版社网址	http://www.fhcbs.com
经　　销	凤凰出版传媒股份有限公司
照　　排	江苏凤凰制版有限公司
印　　刷	唐山楠萍印务有限公司 唐山市芦台经济开发区场部
开　　本	960×1304毫米　1/32
印　　张	7.5
字　　数	202千字
版　　次	2014年4月第1版　2024年12月第2次印刷
标准书号	ISBN 978-7-5506-1969-2
定　　价	60.00元

(本书凡印装错误可向承印厂调换,电话:022-69381996)

前 言

人无远虑，必有近忧。

家庭教育亦是如此。我们既要有长远规划，又要有具体方法。看得远了，才不会急功近利，才不会陷入种种教育的误区，才能帮助孩子树立远大的理想；忧得近了，才会了解孩子成长每一阶段的特点，才能有的放矢地进行方法指导，不至于堕入空洞的说教。

当我们的孩子渐渐长大，有了自己的想法，开始质疑你的说教，叛逆期来到时，做家长的就不能再像小时候一样耳提面命了。具体方法的指导一定要让位于对孩子人生的长远规划，指导他做人做学问了。

用国学指导现代人生，指导家庭教育，正是这套丛书的精髓所在；如何指导叛逆期的孩子做人做学问，正是这本书的重点。古往今来堪称优秀的家族，都有自己宝贵的教育思想和对子女教育的真知灼见。这些教育方法得以继承和发扬，才形成优良的家族传统，最后成为家训。笔者从曾国藩、左宗棠、严复和梁启超四位先贤的家书中，选择了和现代教育契合度较高的部分，进行解读。做人要善良、真诚，懂得严于律己，宽以待人，还要勤俭节约、谦虚谨慎、淡泊名利……这些似乎都是老道理，却是正在被我们淡忘的真理。除了这些抽象的道理，对如何培养孩子的学习兴趣、习惯和意志品质，笔者也进行了一些方法指导。

笔者是1991年参加工作的老教师，有二十多年的初中语文教师和班主任的工作经历，对这一阶段的孩子的心理状况和学习、生活状况非常了解。语文老师还多了作文这个了解学生深层心理的渠道,因此对学生的了解更加深入,和学生的沟通更加顺畅。经验加上爱心和智慧,笔者积累起叛逆期孩子教育问题的一些经验。

所谓经验,看起来只是见得多了,思考多了,积累多了,总结了一些处理问题的方法;但更重要的是不为具体问题所困,站得高看得远以及处变不惊的淡定和智慧。

另外,笔者还是一个母亲,有一个曾经叛逆现在还不错的刚刚上大学的儿子。笔者深知在孩子成长过程中,每一个用心的家长所付出的心血,也希望把教子方面的一点点心得和家长们分享。

除了实用意义上的经验,笔者更希望和家长们分享的是幸福的感受,特别是和孩子共同成长过程中的幸福感受。很幸运,作为一个初中班主任,笔者见证和指导着很多孩子从幼稚到成熟的蜕变过程。那么多可爱的孩子,那么多有趣的事情,忙完一天躺在床上想起趣事来,常常都忍不住笑出声来。

教育孩子是一件多么幸福的事情啊!少一点功利心,多一份从容。“不必太在意学习成绩”“聪不聪明都是宝”,用这样的心态来做父母,即使是面对叛逆的初中孩子,你也一定会享受到孩子成长的快乐。

当然,幸福只是一种面对孩子的情感和心态,而教育孩子则是十几年甚至几十年的大工程,需要具体一点的指导。作为语文老师,笔者还结合家书中的篇目做了一些阅读和作文方面的指导。如果你的孩子不爱读书,《喜欢才是硬道理》《读书“三到”法》《教你如何写作文》等章节或许能给你一定的启示。结合家训做一些语文学习方面的指导,这是本书的一大特点。

尽量将道理、方法讲得有趣一些、好玩一些,是写作过程中笔者一直努力的方向。书中有不少鲜活的教育案例。《再富不能富孩子》中的“睡衣爸爸”和“烧包儿子”一定会让你哈哈大笑。即使你还是一个学生,离做家长还有很多年的距离,读到《聪不聪明都是宝》《可怕的课程表》《让孩子喜欢学习》等章节,你肯定会觉得很好玩,“小元”“文子”“小不点”身上是不是有你自己和小伙伴的影子呢？真实鲜活的案例、风趣幽默的语言,可以算本书的第二个特点吧!

另外,对现代教育某些流行观点的质疑,不知能不能算第三个亮点。《走出“不要让孩子输在起跑线上”的误区》《误人的短板理论》等文所传达的其实也是笔者的教育理念:教育是长期的工作,不要在意一城一地的得失。一次考试的失败(包括高考)真的说明不了什么。认真关注、耐心引导、顺其自然,给孩子失败的机会,你会发现孩子比你想象的要好得多。

少一点功利,多一份从容。用爱心和智慧陪伴孩子一起成长,幸福不遥远。

徐向明

2013年8月

目 录

曾国藩家训

左宗棠家书

严复家书

梁启超家书

曾国藩家训

毛泽东青年时曾说："愚于近人，独服曾文正。"

曾国藩（1811—1872 年），晚清重臣，湘军的创立者和统帅者。清朝军事家、理学家、政治家、书法家、文学家，晚清散文"湘乡派"创立人。晚清"中兴四大名臣"之一，官至两江总督、直隶总督、武英殿大学士，谥曰文正。

独有这些名号和成就，肯定不足以让超级自信的伟大领袖叹服。关键是曾氏还留下了一部伟大的家书：《曾国藩家书》。

《曾国藩家书》是曾国藩的书信集，收录了曾国藩在清道光二十年至同治十年间的上千封家书。其家书在平淡家常中蕴含真知良言，具有极强的说服力和感召力。《家书》通过教读书、做学问、勤劳、俭朴、自立、有恒、修身、做官等方面，展现了曾国藩"修身、齐家、治国、平天下"的毕生追求。

曾国藩教子与治家的理念和实践，不仅影响了曾氏家族的好几代人，旧时代的读书人也几乎人手一册。即使在当代，由各家出版社出版的多种《曾国藩家书》作品，仍很受读者的欢迎。我们选择了其中的精华，名之为"家训"。

曾氏家训，代代相传；曾氏一门人才辈出：长子纪泽擅长英文，为晚清著名外交家；次子纪鸿精通数学，贯通中西，著有《对数详解》五卷；孙辈有诗人曾广钧；曾孙辈有曾宝荪、曾约农等教育家、学者。

一、节俭是一种生活态度

凡仕宦之家，由俭入奢易，由奢返俭难。尔年尚幼，切不可贪爱奢华，不可惯习懒惰。无论大家小家、士农工商，勤苦俭约，未有不兴，骄奢倦怠，未有不败。尔读书写字，不可间断，早晨要早起，莫坠高曾祖考以来相传之家风。吾父吾叔，皆黎明即起，尔之所知也。

（节录自咸丰六年九月二十九日谕纪鸿书）

译文 凡是做官的人家，从俭朴到奢侈容易，从奢侈回到俭朴就困难了。你现在年纪还小，千万不要贪图奢华，不能养成懒惰的习惯。无论是大户人家还是小户人家，士农工商各种人，只要勤俭节约，家业没有不兴旺的；骄奢怠倦，家业没有不衰败的。你读书写字不可以间断，早晨要早起，不要丢掉自高曾祖父相传下来的家风。我的父亲和叔父，都是黎明就起床，这是你所知道的。

感悟 勤俭节约是中华民族的传统美德，也应该是每个家庭的传家宝。勤俭持家、谦和处事，正是曾国藩提倡的持家之道。可是随着物质生活的丰富，我们渐渐变得贪图物质享受，爱奢华、爱享受、爱攀比。

“再穷不能穷教育，再富不能富孩子”。在很多学校，学生是被要求统一穿着校服的，其出发点之一就是为了让学生们少在衣着上面攀比。但“道高一尺，魔高一丈”，衣着方面无法攀比了，学生们就开始比鞋子。今天你买了一双阿迪达斯，明天我就要买一双耐克，其中不乏因为买鞋子的事和家长吵架的。到了中学，攀比之风愈演愈烈，有些学生已经不满足于球鞋，甚至买名牌包包来攀比。现在的“90 后”“00 后”，根本没有经历过食不果腹、衣不遮体的穷苦日子，对于节俭的重要性也几乎是全然不知，这就要求现在的家长从小加强这方面的教育。

正如曾国藩所说，“由俭入奢易，由奢返俭难”，教育孩子节俭最好是从小教起，从早做起，在孩子还没有养成奢侈懒惰的生活习惯之前就开始教育。首先，家长要为孩子营造一个节俭朴素的生活环境，让孩子从小受到良好家庭氛围的影响，自觉养成节俭的习惯。更重要的是，要让孩子从小养成正确的价值观念，知道勤俭节约是美德，好逸恶劳是恶习；知道“一粥一饭，当思来处不易；半丝半缕，恒念物力维艰”。对自己的东西有爱惜之心，浪费时有愧疚之意。

然而，在孩子的成长过程中，难免会遇到各种各样的人，碰到各种各样的事。自己的孩子节俭，别人的孩子却好攀比，万一带坏了自己的孩子，怎么办？俗话说得好，“近朱者赤，近墨者黑”。所以遇到这种事情，第一方案就是让自己的孩子避开“他”，免得沾染上不良习气。如果做不到，那就早发现，早治理，多多教育自己的孩子，也可以和老师沟通，请他整顿班级风气，让节俭之清风“吹醒”更多的孩子。

如果孩子不小心沾染上了不良习气，好与人攀比，那也不是无药可救，只要多多劝导，慢慢改变，孩子还是可以回归朴素，重新做回一个勤劳朴素的孩子。看了冯小刚的《一九四二》，班上一个娇生惯养的孩子写了这样一段文字：“让我震撼的第一个画面，就是灾民抢粮食，有的人因为饥饿难忍，就自相残杀，甚至说出了这样的话：'死了好，死了就不会受罪了。'还有的人为了吃的，把孩子还有家人都卖了，换来的也只有不超过五升的小米。所有人满脑子里就是两个字，'粮食'！现在，我们已经超过了'吃饱'很多很多了，但我们（包括我，我也要自责）却不知道当时人们是怎么过的，随便浪费粮食。虽然家长老师曾不止一次对我们说不要浪费，但我们没有想过挨饿是多么痛苦，听不进去，还是一如既往地浪费。看电影时，我非常愧疚，因为饭菜不符合我的胃口，我为了买一个自己想吃的东西，却倒掉整盘没动过的菜。所以我们要节约资源，不能让'一九四二'再重演。"你别说，一段时间，那个孩子总是把餐盘里的饭菜吃得干干净净。

当然，我们讲勤俭并不是让家长苦着孩子，一夜回到解放前，光吃素菜不吃肉，而是让孩子养成一种节约、勤劳的生活态度。我们允许孩子适当消费，但是家长千万不要一味满足孩子物质上的需要，这会让孩子养成好逸恶劳、自私懒惰的习惯了。我们都希望孩子成为一个创造者，而不是一个挥霍者。家长满足孩子的正常需求，让孩子在节俭的环境中自己创造并实现自己的人生价值，那孩子将是快乐的，这种快乐是多少金钱也难以买到的。

诸葛亮在《诫子书》中曾说"静以修身，俭以养德"，明确地告诉孩子，节俭不仅是经济方面的事情，更与道德品质相关。这句话正适用于当下的孩子。现在的社会喧闹浮躁、诱惑多多，若没有"嚼得菜根，干得大事"的定力，肯定抵制不住花花世界的诱惑。所以孩子们想要在这个社会中有所作为就必须养成勤劳节俭的习惯，并且做事持之以恒。

在我看来，一个真正走向成功的人，是不会沉溺于奢华的物质生活当中的。

二、做了圣贤想不成功也难

凡富贵功名，皆有命定，半由人力，半由天事；惟学作圣贤，全由自己作主，不与天命相干涉。吾有志学为圣贤，少时欠居敬工夫，至今犹不免偶有戏言戏动。尔宜举止端庄，言不妄发，则入德之基也。

（节录自咸丰六年九月二十九日谕纪鸿书）

译文 大凡富贵功名，都有命运注定，一半由于人力，一半由于天命；唯有学做圣贤，全由自己作主，与天命不相关系。我有志学做圣贤，小时少了居家恭敬的功夫，所以至今仍不免偶尔有戏谑言语和戏谑行为。你应举止端庄，话不妄说，那是进入道德的基础。

感悟 “我的孩子又不做圣贤、不当官，和富贵功名何干？”看到这段，也许性急的家长会这么想，甚至干脆跳过不看。其实不然。曾国藩教育子弟学做圣贤，莫贪功名富贵，是学圣贤的什么？“举止端庄，话不妄说”，有修养，不说谎。你一定希望你的孩子做一个有修养、讲诚信的人吧！

学会拒绝诱惑、淡泊名利，才能静下心修炼自己，做有道德之人，成就自己的幸福。

我们的家长可能会有这样的感受,刚刚买了车、买了房,却见别人的车更好、房更大。满足和愉悦没有了,羡慕嫉妒恨又让心失衡了。于是再拼命再赚钱,没完没了,也不知道何时能停下奔波的脚步,更不知自己想要的生活是什么样的,幸福长什么样子。

痛定思痛,返璞归真。怎样让我们的孩子不迷失在物欲之中,成为快乐幸福之人?

诸葛亮在告诫儿子诸葛瞻的一封勉励信中说:“夫(fú)君子之行,静以修身,俭以养德。非淡泊(澹泊)无以明志,非宁静无以致远。夫(fú)学须静也,才须学也。非学无以广才,非志无以成学。淫慢则不能励精,险躁则不能冶性。年与时驰,意与日去,遂成枯落,多不接世,悲守穷庐,将复何及!”诸葛亮告诫儿子“非淡泊(澹泊)无以明志”,只有摒弃了功名利禄之心,才能修身以求完善。

这样说是不是让我们的孩子都学习陶渊明,做隐士,脱离时代呢?非也!其实,成功这东西,有时很调皮,你越是追求它,它越是会和你捉迷藏;如果你不想着它,“立志做圣贤”,按照老师的要求踏踏实实学习、认认真真做人,他就会特别青睐你,甚至追着你。

班上有个孩子小赵,一年到头都穿校服,从没见他穿过名牌鞋。其他同学慷慨激昂地跟老师同学表决心,要考到多少分,他总是淡淡一笑。问到他,他还是笑笑:“我尽力吧!”考得好了,不见他多么欢呼雀跃;考差了,也不过分沮丧。听课、作业却是比大多数同学认真。两学期下来,他的成绩就已经名列前茅了。和他妈妈交谈时,笔者发现她特别重视儿子的做人,对“成才”却并不热衷。她说:“先成人后成才,做人比做学问重要,这不是喊口号。老师,我们两口子都不是名牌大学毕业的,一步步踏踏实实从基层做起,努力向优秀的人学习,也同时善待帮扶不如自己的人。”听听,有修养的人到哪里都受欢迎,有这样的妈,儿子能不受欢迎吗?民主选举时,小赵每次都只少一票。班主任问他,他嘿嘿一笑:“老师,我没选自己。我觉得我为大家服务得不多。”哦,原来如此!

其实很多名人的成功也是得益于他们完善的人格魅力。我们且不说诸葛亮、周恩来，富兰克林大家知道吧？他是美国历史上著名的政治家、科学家。他发明了避雷针，参与了美国的独立战争，是独立宣言的主要起草人之一。富兰克林回忆自己一生的经历时，曾感慨地说："我的成就归功于完善的人格。""我的目的是养成所有美德的习惯。""我认为的美德应该包括以下十三个原则：节制、沉默、秩序、意志、节俭、勤奋、诚恳、公正、适度、清洁、镇静、贞洁、谦逊。"

富兰克林因为人格魅力取得了成功；曾国藩的儿子一直谨遵父命，"半耕半读"，长子纪泽擅长英文，为晚清著名外交家，次子纪鸿精通数学，贯通中西。所以说，要想成功先学做圣贤，做了圣贤想不成功也难。

三、不要骄傲要谦虚

世家子弟，最易犯一“奢”字“傲”字。不必锦衣玉食而后谓之奢也，但使皮袍呢褂俯拾即是，舆马仆从习惯为常，此即日趋于奢矣。见乡人则嗤其朴陋，见雇工则颐指气使，此即日习于傲矣。

（节录自咸丰六年十一月初五日谕纪泽书）

译文 世家子弟，最容易犯奢侈、骄傲的毛病。并不是说锦衣玉食才是奢侈，只要皮袍呢褂多得俯拾皆是，车马仆人习以为常，这样就一天天接近奢侈了。看见乡下人就嘲笑他们朴素丑陋，见到雇工就摆架子，训斥人，不可一世，这就是一天天习惯骄傲了。

感悟 曾国藩告诫他的儿子纪泽：世家子弟，最易犯一“奢”字“傲”字。戒奢戒傲即提倡节俭与谦逊。前者前文已言之凿凿，不再赘述。关于后者，伟大领袖毛主席指引我们：“谦虚使人进步，骄傲使人落后。”

讲道理要由浅入深，我们还是先从好理解的层面开始。对家长来说，首先是在孩子考试取得了好名次，被评为“优秀学生”，兴高采烈、情绪高昂时，不要忽视了孩子因取得优秀成绩而慢慢滋生的骄傲自满情绪，要在肯定鼓励的基础上给孩子提出客观公正的意见，并为他们提出新的目标和要求，引导孩子乘胜前进。

说起来简单，做起来呢？我们都太爱孩子了。“90后”“00后”生活在一个多表扬鼓励、慎用批评的时代，就怕你不舍得说所谓的扫兴话。孩子不高兴了，你也高兴不起来。

这方面的惨痛教训太多了！中考一模小钱进步了很多，考了全年级60多名，这成绩考全市前几名的高中都没问题。他妈虽然也告诫他不要骄傲，但还是不淡定，喜滋滋地又是请他吃大餐，又是给他发奖金，好几天都笑眯眯的。结果呢？孩子和家长都以为中考没什么，轻敌的结果就是二模又回到“解放前”的40%了。二模没考好，中考就没底，发挥不正常，只考进了普通高中。

千万别这样，朋友！我们一定要学会批评。在孩子牙牙学语、蹒跚学步的时候，就有意识地既让他们听到来自正面的表扬赞许，也让他们听到来自反面的批评教育。不过我们要分析中肯，语言温和，实事求是。据科学分析，在孩子幼儿时期即适当给予批评，这样的孩子长大后更能适应社会，他们会正确面对来自各方面的批评而保持平常而理性的心态。

不要骄傲是对具体事情而言，而谦逊不傲慢才是为人的品格，才是曾国藩谆谆告诫儿子纪泽，要他用心领会、一生牢记的。这是较深的层次了。

曾国藩一生谦虚诚敬，谨慎持重，整肃端庄，他教育子弟也要借此修身，“以勤劳为体，以谦逊为用，以药佚骄”。

做一个谦逊的人。孔子是一代圣人，可是他并没有觉得自己有什么了不起。他说自己达到这样的学问，是因为自己学得比别人多，只要别人坚持学习，都可以达到他的境界。他的学生子贡就是他培养出的杰出代表。虽然孔子已经为人师了，可是他还是善于向他人学习，他还是不断学习，惟恐自己落后。

除了古人，现代名人中也有很谦逊的。一位姚明在上海交大的同学透露，第一个学期的姚明用心听讲、不迟到不早退，远远看到老师前来,必会立刻率先起身,弯下腰,毕恭毕敬地听着。谈话结束之后,诸如"谢谢""麻烦您了"之类的话语,同样必然成为姚明的结束语。

无论是名人,还是普通人,只要是谦逊的、平和的,都让人喜欢。水往低处流,一个低姿态的人,能清醒地看清自己,不断提高自己,能减少对他人的嫉妒和嫉恨,能得到更多的贤德的朋友。

谦逊就像一个空杯,它可以容纳一切它愿意容纳的东西,吸收一切它愿意吸收的营养。人们称谦逊为一切美德的皇冠,因为它将自觉的纪律、天职、义务以及意志的自由和谐地融会到一起。陈毅元帅也说:"九牛一毫莫自夸,骄傲自满必翻车。历览古今多少事,成由谦逊败由奢。"

教育孩子成为一个谦逊的人有点难,这个多半要靠自己悟。但我们的家长至少可以让孩子做到:

1. 清醒认识自己的短处和不足,永远拿自己的短处和别人的长处相比较,虚心向他人学习。

2. 善于发现他人优点,集众人之长,补己之短。

3. 多读书、多思考、多实践,真正有学问的人从不自满,成熟的稻谷总是低着头。

最后送你一句弘一法师的话:"涵容以待人,恬淡以处世。"

四、做人“敬恕”二字最重要

读书之法，看读写作四者，每日不可缺一。

至于作人之道，圣贤千言万语，大抵不外“敬恕”二字。……如“立则见其参于前也，在舆则见其倚于衡也”，“君子无众寡，无小大，无敢慢”，斯为“泰而不骄”；“正其衣冠，俨然人望而畏”，斯为“威而不猛”：是皆言敬之最好下手者。

孔言“欲立立人，欲达达人”；孟言“行有不得，反求诸己”，“以仁存心，以礼存心”，“有终身之忧，无一朝之患”：是皆言恕之最好下手者。

尔心境明白，于恕字或易著功，敬字则宜勉强行之。此立德之基，不可不谨。

（节录自咸丰八年七月二十一日谕纪泽书）

译文 读书的方法，看、读、写、作四方面每天坚持，缺一不可。

关于做人的道理,任由先前诸多圣贤们的千言万语,概括起来不外乎“敬恕”二字。……像“站着见人就要参礼于前,坐车时见人就要倚到车前横木上去”“君子无论多少,无论大小都不能怠慢”,这是“泰然而不骄”;“正衣冠后,俨然整肃,使人望而生畏”,这就是“威而不猛”:这些都是讲求“敬”字的最好方法。

孔子说“要立可立之人,要通达可通达之人”;孟子说“身体力行没有成果,就要反省自己”“心中所怀的念头是仁道,是礼仪”“虽然终身担忧,但绝无一朝祸患”:这些都是“恕”字入手的最好方法。

你心里明白,在“恕”字上或许就容易见效,“敬”字你则要勉力去做。以上是立德的基础,要谨慎地去实行,切记。

感悟 这个问题,曾大人肯定觉得特别重要,担心自己的话不够分量,还引用了孔孟圣贤之言,一再告诫儿子“敬”“恕”有多么重要。

的确重要。子贡问他的老师孔子,做人什么最重要?孔子一点不带犹豫地说:“其恕乎!己所不欲,勿施于人。”那就应该是“宽恕”了吧!自己不想要的,也不要强加给别人。

敬,肃也。——《说文》。肃,即恭敬,慎重。这是对自己处人行事而言,对人要恭敬,执礼有度;做事要慎重,三思而后行。

恕,仁也。——《说文》。仁,即仁爱之心,宽恕之心。这是对他人所作所为而言,要包涵仁爱之心,不可逆天行道,对他人过错要宽宏,不可苛刻厉人。

《说文》的解释太专业,还是毛主席的话概括精辟:严于律己,宽以待人。

这一点在与人相处中可是太重要了,每次学生闹矛盾,笔者都让他们先背一下“子贡问曰”这一段,仰望一下“己所不欲,勿施于人”的项背。

除了同学之间的相处,"严于律己,宽以待人"更适用于学生干部的管理,作为学生干部如果做不到这一点,工作就无法开展。劳动委员小罗同学工作热情非常高,他一点不嫌烦,而且总是到办公室找老师。"老师,昨天黑板槽又扣分了。""谁管那块?""小桂。一放学他就没影了。""那你放学前不提醒他?""我喊了,值日生扫地。"小罗理直气壮。"你怎么又这样喊?明天早上你问他,他肯定说忘记自己是值日生了。"第二天一早,小罗又来了,不好意思地挠头:"老师,小桂说的和你猜的一样。""你下次就这样喊,小不点扫地,小桂擦黑板。""知道了。"

中午进教室,半边地干净,半边地脏着。"小罗和值日生呢?地怎么只扫了一半?""老师,小罗就是值日生,他在音乐台玩,还没回来呢。"小不点很开心地告状。没等我再说话,有同学把小罗叫回来了。小桂趁机告状:"老师,小罗总是这样,叫我们扫地,他自己不干。""老师,他只管我们,不管自己。"大家的声音竟然很整齐。难怪!

小罗啊,小罗,想当好学生干部,光有热情不够,一定要从你黑头发黄皮肤的祖先那里学会"敬""恕"哦!

在日常生活中,怎样才能做到严于律己,宽以待人呢?

1. 遇到问题,先检讨自己。在自己身上找缺点,在他人身上找德行。同学之间朝夕相处,学习生活在一起,交往中难免会产生一些误会和矛盾,当这种情况发生时,首先应该严于律己,多想想自己的不足,主动承担责任,以求得"化干戈为玉帛",增进同学之间的友谊,求得谅解。

2. 有理让三分。宽以待人,多站在对方的角度想一想,即使受点委屈,也要从大局想,以友谊为主,做到有理让三分。

严于律己,宽以待人的态度,是人际交往中的"润滑剂",可以减少生活中许多不必要的摩擦和纷争。如果我们的孩子,一语不和就"针尖对麦芒",处理不好同学关系,也没心思学习不是?现在处理不好同学关系,将来也处理不好家庭关系、工作关系乃至社会关系不是?

在家庭教育中,身教重于言教。做家长的如果能宽恕人、体谅人,孩子就能严于律己,宽以待人。胡适是现代文学史上的著名人物,都说文人相轻,他的周围却团结了一批文人。这一点就得益于他的人格魅力,更得益于他有一个好母亲。他在《我的母亲》一文中写道:“如果我学得了一丝一毫的好脾气,如果我学得了一点点接人待物的和气,如果我能宽恕人、体谅人——我都得感谢我的慈母。”胡适的母亲冯顺弟农村出身,不会识文断字,23 岁成了寡妇,也成了乡村大家族当家的后母。胡适的大哥从小就是败家子,大嫂、二嫂又经常闹意见,冯顺弟就事事格外容忍,从不说一句伤人感情的话。在母亲的和气榜样下,大家总算相安无事。在母亲的影响下,胡适宽容、忍让,像大哥一样帮助着徐志摩等青年诗人,成为文坛佳话。

所以说,做人“敬恕”二字最重要。

五、做事要有始有终

余生平有三耻：学问各途，皆略涉其涯涘。独天文算学，毫无所知，虽恒星五纬亦不认识，一耻也；每作一事，治一业，辄有始无终，二耻也；少时作字，不能临摹一家之体，遂致屡变而无所成，迟钝而不适于用，近岁在军，因作字太钝，废阁殊多，三耻也。

凡作一事，无论大小易难，皆宜有始有终。

（节录自咸丰八年八月二十日谕纪泽书）

译文 我一生当中有三方面羞愧：做学问科类很多，都是略微涉及其边沿，只有天文、算学，却毫无所知，即使是恒星和金、木、水、火、土五星都不认识，这是第一个羞愧；每做一件事，从事一项事业，经常有始无终，这是第二个羞愧；少年时练字，不坚持临摹一种字体，导致经常改变而无所成就，字体迟钝而不适合应用，近些年在军队中，因为写字太钝涩，写废不用的书法作品很多，这是第三个羞愧。

做任何事，无论大小难易，都应该有始有终。

感悟 现在的孩子们，从小就被送去各种兴趣培训班，有学钢琴的，有学跳舞的，但坚持到最后，能学有所成的却没有几个。虽说有些是被家长强拉硬拽进的培训班，对所学的东西没有兴趣，但有些明明是自己选择的感兴趣的东西，也是“三分钟热度”，学了几天觉得不新鲜了就丢开手，最后一事无成。做事情最忌讳的就是有始无终，虎头蛇尾，正如曾国藩所言“凡作一事，无论大小易难，皆宜有始有终”。

在我看来，做一件事，要么不做，如果想好了要做，那么就要把这件事做完，做好！

每带一届学生，都会遇到基础薄弱的“后进生”。在老师的鼓励下，他们大多会努力，只是有的做事踏实，即使布置下去的任务完成得不快，但总是做完、做好；而有的答应得很干脆，但做事却眼高手低，时常虎头蛇尾。初中三年下来，踏实的孩子即使一次考试提高一个名次，也能提高一二十名，到班级中上等。三分钟热度的孩子往往进步甚微，甚至停步不前、每况愈下。他们的差别就是虎头蛇尾和一步一个脚印。所以说：做事应当善始善终。

那么如何让孩子成为一个做事有始有终的人呢？

首先要“善始”。“有始有终”，很多人的眼睛都盯着“有终”，却忽视了“有始”是“有终”得以实现的前提条件。只有选择好了做什么事，有了明确的、切实可行的目标，才有可能做完做好这件事，所以说“有始有终”是一个相互依存的有机整体。上文中那些不问孩子就帮孩子报名培训的家长，显然是没有了解有始有终的含义。没有了适合孩子特点的“始”，何来“终”？

其次是“善终”。这个指好的开始后过程的完善。三天打鱼，两天晒网容易，善始善终难啦！家长在孩子做事的时候多鼓励他，做好了，要给孩子适当的奖励和鼓舞，让他尝到甜头和乐趣；在孩子倦怠想放弃的时候，和他说清楚放弃手中的事的后果，鼓励他坚持下去。这样，孩子才会有把事做好的动力，才会有将每件事完成的积极性。

最后，家长必须将“坚持不懈，持之以恒”这8个字牢牢地刻进孩子的脑子里。当然，做到这一点并不容易，曾国藩就在家书中屡次提醒儿子：“尔若稍有成就，须从‘有恒’二字下手。”“早起也，有恒也，重也，三者皆尔最要之务，早起是先人之家法，无恒是吾身之大耻，不重是尔之短处，故特谆谆戒之。”

在生活中做任何事，无论大小，多多少少都存在着一些困难，这些困难是成功路上的绊脚石，你无法绕过，更无法回避。在这些困难面前，有些人迎难而上，到达终点；有些人望难而退，有始无终。我们需要教孩子的就是面对困难迎难而上的那种精神，而这种精神是可以通过后天锻炼得到的。在这里就不对如何训练孩子成为一个有勇气的人赘述了。

而家长以身作则做好表率作用，给孩子营造一个良好的氛围也是不可或缺的。曾国藩就是这样的优秀家长，他教育子孙要有“恒心”和“毅力”。一件事情不论大小、难易，只要持之以恒，就能做成。

曾国藩不仅这样“言传”教育儿子，更以身作则。他的一生，就是不断自我攻伐、自我砥砺的一生，因此也是不断脱胎换骨、变化气质、增长本领的一生。

对无恒这一缺点，他就终生攻伐不懈。道光二十二年，曾国藩在日记中曾写道：“余病根在无恒，今日立条，明日仍散慢，无常规可循，将来莅众必不能信，作事必不成，戒之！”咸丰九年，他写信给儿子说：“余生平坐无恒之弊，万事无成。德无成，业无成，已可深耻矣。……中间本志变化，尤无恒之大者，用为内耻。尔欲稍有成就，须从‘有恒’二字下手。”这就叫做“几十年如一日”。

在一次又一次的反复磨练中，曾国藩的气质性格渐渐发生着变化。他做事越来越有恒心、有毅力，即使后来身处军事生活中，每天只要有时间，仍然坚持读书写作。他接人待物越来越宽厚、周到、真诚，朋友一天比一天多。他的品质越来越纯粹，站得越来越高，看得越来越远。

在言传身教的影响下，不仅是他的儿子纪泽，曾国藩家族，至今近200年,代代有英才,遍布海内外,如此长盛兴旺之家,中外罕见!其中的缘由何在?我认为就在于其后人做事善始善终,有恒心,有毅力。

曾经有人说过"自己选择的路,跪着也要走完",可见做事有始有终有时是多么的艰辛和不易。在我看来,做事有始有终的人一定是一个坚毅果敢的人,一定是一个坚强勇敢的人,一定是一个有着奋斗精神的人,他将会是也一定会是一个成功的人。

六、喜欢才是硬道理

尔读书记性平常，此不足虑。所虑者第一怕无恒，第二怕随笔点过一遍，并未看得明白，此都是大病。若实看明白了，久之必得些滋味，寸心若有恰悦之境，则自略记得矣。尔不必求记，却宜求个明白。

（节录自咸丰九年六月十四日谕纪泽书）

译文 你读书记性平常，这不需要担心。需要担心的第一是怕没有恒心，第二是怕随意粗览一遍，并不作细致的研读和理解，这都是大毛病。如果确实看明白了，时间长了一定能够领会其中的滋味，自然就会达到一种心旷神怡的境界。这时候就可以用笔记录下来。也可以不强求自己一定要笔录，却应该要求弄清文意，深刻理解。

感悟 这一则讲的是读书方法。读书最重要的不是记住多少知识而是领会其中的思想精髓，明白其中滋味。

在陶渊明的《五柳先生传》中，有一段精彩的描绘："好读书，不求甚解；每有会意，便欣然忘食。"这里陶公所言"不求甚解"就是读书不在一字一句的解释上过分深究，只求领会文章的大意。而每当对书中的意旨有一些体会的时候，他便高兴得忘了吃饭。

陶渊明的读书方法和曾国藩指导纪泽的大略相同，都是重理解，领会精神实质。读书的要诀全在于会意，会意自会得到阅读的乐趣。

会意本不是一件简单的事，首先要做到理解文义。就拿语文的古诗词背诵来说吧，一定要理解，否则即使会背，默写时也会出问题。苏轼的《浣溪沙》“山下兰芽短浸溪，松间沙路净无泥，潇潇暮雨子规啼”，就有学生能写成“山下蓝牙短进溪，松间沙路尽无泥，小小木鱼子规啼”。老师问他：“这个蓝牙掉进溪水里，手机有没有坏？杜鹃鸟是因为木鱼而啼叫吗？”他还一脸茫然，听不懂这个笑话。哎，苏轼如果活到现在，见人把诗作践成这样，不知会不会生气？

理解字面意思之外，领略诗歌节奏、韵律、意境的美更为重要。“寸心若有怡悦之境”，在阅读中得到快乐最为重要。尤其应该让儿童感到阅读是件有趣的事，除了有趣没有其他目的。恰是这种“没有其他任何目的”，才能让孩子喜爱这项活动。我们有些家长喜欢在孩子读完一本书后，考察他“记住多少”，迫不及待地要孩子复述这个故事，背会其中的“优美段落”，要孩子在写作中用上课外书中的词语和素材，甚至还要求学生写读后感。家长这样做简直是在给孩子的阅读制造绊脚石。这反映了家长的两个问题，一是不理解阅读，二是功利心太切。这样做的结果，只能让孩子讨厌阅读。

事实上，当儿童面对一本书的时候，如果有人向他提出了识记的要求，他就会把注意力转移到识记上，而把阅读的兴趣放到次要的地位。而曾国藩告诉儿子重要的是“得些滋味，寸心若有怡悦之境”，这才是真正会读书的人的指点。阅读的功能在于熏陶、怡情养性，而不是记忆和搬运。

苏霍姆林斯基发现：“人所掌握的知识的数量也取决于脑力劳动的情感色彩：如果跟书籍的精神交往对人是一种乐趣，并不以识记为目的，那么大量事物、真理和规律性就很容易进入他的意识。”也就是说家长越少对儿童提出不恰当的记忆与背诵要求，儿童通过阅读掌握的知识越多。

让你的孩子喜欢阅读吧，少一些功利，只是单纯地喜欢，你能得到意想不到的收获，曲径通幽哦！

七、做绅士淑女不过时

泽儿看书天分高，而文笔不甚劲挺，又说话太易，举止太轻，此次在祁门为日过浅，未将一“轻”字之弊除尽，以后须于说话走路时，刻刻留心。

（节录自咸丰十年十月十六日谕纪泽纪鸿书）

译文 泽儿看书天分很高，但文笔的功力却显得薄弱，说话又太随便，举止太轻浮。这次在祁门度过的时间太短，还没有改掉轻浮的毛病。今后必须要在言行举止方面时刻注意。

感悟 这一则讲的是为人处世的学问，亦是曾国藩为官多年，如履薄冰而总结出的自保生存之道：不可说话随便、举止轻浮，要谨言慎行。对于自己的儿子，曾国藩清楚地知道他的优缺点：纪泽过于聪明伶俐，有时说话随便、举止轻浮，不够厚重。除此次书信外，咸丰六年九月和咸丰十年十一月，曾大人又反复告诫其子“尔宜举止端庄，言不妄发，则入德之基也”。“举止要重，发言要讱”，你一定要牢记此话。由此可见，修身养性、完善人格在曾大人心目中有多么重要。

我们暂不说官场之上一言之失会招致灭顶之灾，单说学会为人处世有多么重要。

现在的孩子与同学在一起总有那么多话要讲，像得了“话痨”。小王就是一个典型，虽然成绩不错，还经常为班级写宣传稿，但想说就说，总是破坏纪律，还自以为是、振振有词。为了让他不影响晚自习纪律，笔者就不停地找事给他干。除了前面提到的班级事务，我每周都给他书读，还要他和我交流心得。最近，他被《季羡林传》折磨着，有点不开心，明显的嘛，没有《明朝那些事》有趣，推荐这本书，也是想让他学学季大师的厚重。

男孩还好点，说话随便，举止轻浮只是烦人，女孩就麻烦了，没人喜欢。

其实，小李长得蛮清秀的，可是特别疯，喜欢随便乱说话。那次，我在作文课堂上讲了个故事：秀才正写文章，抓耳挠腮的，眉头拧成了疙瘩，呈万分痛苦状，大肚子的妻子在旁边不解地问：“相公，难道你写文章比我们女人生孩子还难吗？”“当然。”相公说，“你生孩子是肚里有货，我是肚里无货啊！”

第二天晚自习时，小李磨磨蹭蹭地不写作业，老师提醒她，她来了句：“老师，你不知道写作业比生孩子还难吗？”老师也很幽默来了句：“没做过的事最好不要瞎说。”班上男生哄堂大笑，而小李还洋洋得意。不仅如此，她还喜欢在班上哄闹，常见她跟在男生后面追，边喊边打。正值青春期的男孩女孩情窦初开了，我问经常和小李哄闹的男生是不是喜欢上她了，他来句：“这样的疯婆子，谁敢要啊？”

遇到这样的孩子，我只能让她家长配合，共同制定“淑女”的培养计划了。计划尚在执行中，见效不明显。

几年前，我教过一个学生小菲，我很喜欢她。我曾经给她写过这样的评语：以花为喻，你是我心中馥郁的茉莉，总在安静的角落里，默默散发着幽香，一如你的文章浸润我们的心田……您说，这样端庄矜持、羞涩含蓄的美丽女孩，您会不喜欢她吗？

所以嘛！轻浮随便遭人厌，端庄矜持讨人喜。做绅士、淑女还是不过时的！

八、“常”是人生第一美德

人生惟有常是第一美德。余早年于作字一道，亦尝苦息力索，终无所成。近日朝朝摹写，久不间断，遂觉月异而岁不同。见年无分老少，事无分难易，但行之有恒，自如种树畜养，日见其大而不觉耳。

（节录自同治元年四月初四日谕纪泽书）

译文 人生中只有“常”是第一美德。我早年对于习字之道，也曾经冥思苦想，但最终还是一无所成。直到今年，我每天都不断摹写，从没有间断过，渐渐感到日新月异，每天都会有新的进步和感悟。可见无论年龄的大小，事情的难易，只要能够持之以恒，任何事情都会像种树和畜养牲口一样，每天不一定能发觉变化，但事实上已经有了很大的进步。

感悟 “人生惟有常是第一美德”。看到这句话，笔者一下想到了暑假去张家界途经的常德。一篇《桃花源记》，让常德拥有了“世外桃源”“福地洞天”的美誉。这个城市古称武陵，改名常德和曾大人是不是有关系呢？赶紧上百度查找，据考证，始称常德在宋朝。北宋徽宗政和七年(1117 年),在鼎州设常德军,后升州为常德府。此名取材于《老子》"为天下溪,常德不离"和西汉毛氏《诗·常武》序"有常德以立武事,因以为戒焉"。其义为:甘愿作天下的溪涧,永恒的德性就不会离失。"上行德政,下安本分,谓之常德"。原来早在曾大人出生前很多年,就有老子先生说过,古人也觉得很有道理,拿来做这个城市的名字了。

看来,常乃天下第一美德,毋庸置疑了。曾大人为了让儿子信服,现身说法拿自己的过去和今日对比,说明持之以恒的作用,希望儿子能继承老爹亲身实践得出的"文化物质财产",少走弯路。可怜天下父母心啦!

我们也是孩子的父母,是不是也应该学学曾大人,让孩子学会持之以恒呢?

"有志之人立常志,无志之人常立志"。这话一方面说明了立志的重要性,另一方面也通过两类人的对比说明了实现理想的路不好走。之所以出现"无志之人常立志"的情况就是因为没有恒心。

实现理想,追求学问本来就是一个艰难的过程。孔子曰:"力不足者,中道而废,今汝画。"那些在学习问题上认为自己能力不够的人,孔子认为是因为走在中途就停止下来,如果一个人以能力不够画地为限,实际上是没有坚持到底的缘故。其实,这是孔子在告诫人们要知难而进,只有这样才能实现目标。

遇到困难要坚持,怎样坚持呢?这时候就要靠毅力了。学习上有个高原期或高原效应,就是指学习上遇到了困难,进展缓慢,甚至停顿的现象。这时候,就要鼓励孩子认定目标前进,咬紧牙关命令自己不许后退,每天都坚持,自然会有所突破,目标也会实现。当然对孩子的鼓励不应该只是语言。如果独自背英语单词烦了,静不下心了,父母可以让他放松一下或者改换一下方式,采用我问你答的方式陪伴他,也可缓解他的不适。

方法因人而异，聪明智慧的家长只要用心一定能找到帮助孩子的办法。很显然，曾国藩的儿子也不是一下子就做到持之以恒的，否则，曾大人也不用再三叮咛了。在这篇家书中，曾国藩在指出纪泽儿的缺点是说话欠稳重，举止欠端庄，作文写得不好之后，再次告诫他要“持之以恒”。

九、天下事贵在坚持

尔之短处在言语欠钝讷，举止欠端重，看书能深入，而作文不能峥嵘。若能从此三事上下一番苦功，进之以猛，持之以恒，不过一二年，自尔精进而不觉。言语迟钝，举止端重，则德进矣；作文有峥嵘雄快之气，则业进矣。

（节录自同治元年四月初四日谕纪泽书）

译文 你的缺点在于说话欠稳重，举止欠端庄，看书能深入进去研究，但却写不出好的文章来。如果能从这三件事上下一番苦功夫，猛烈进取、持之以恒，那么不到一两年，即使自己感觉不到进步，实际上已经有重大进步了。言语稳重，举止端庄，德行自然也就显得高尚；一旦所写的文章有了峥嵘雄快的气势，你的学业也就跟着长进了。

感悟 先生的意思是读书要有常，修德要有常，万事要有常，方可成功。事实的确如此，彩虹总在风雨后，成功总在坚持后。温馨提示，要让孩子持之以恒，学业进步，还要注意以下几点：

1. 目标的制定要切实可行，属于“跳一跳，能摘到”的类型。如果英语单词的默写测试属于经常得二三十分那种，定目标只能是及格，如果要求100分，孩子觉得肯定做不到，干脆趴下不干了。我们完全可以在他及格一段时间后再将目标提高到80分、100分。

2. 经常夸孩子，好孩子都是夸出来的。自信的孩子更有战胜困难的勇气。

3. 培养孩子面对诱惑的自控力。初中的孩子一般都懂得努力才能进步的道理，但如果孩子坚持在课外活动时间背单词，一旦有人叫他去打篮球，他就坐不住了。这样的孩子，我们可以请同学提醒督促他。

4. 多讲讲现代版“铁杵磨成针”“愚公移山”的人物和故事，例如感动中国十大人物之一的周月华、艾起夫妇。20多年来，周月华硬是靠着拐杖和丈夫的后背，“爬”遍了方圆13平方公里的大小山岭，为辖区近5000村民带去了医疗服务。而她的丈夫——艾起，无论上山涉水，刮风下雨，只要有出诊，便会用宽阔的后背将她背到病人家里。他们身上最令人感动的，并不只是周月华20年行医的艰苦和夫妻二人之间的感情，而是坚持的信念和持之以恒的精神。

王羲之经年累月苦练书法，成就“天下第一行书”的盛名；钱钟书坚持每天进阅览室，才有“横扫清华图书馆”的豪言壮语，成为学贯中西的大学者；您的孩子只要持之以恒，一定能攀登人生高峰。

十、读书还是美容？

人之气质，由于天生，本难改变，惟读书则可变化气质。古之精相法者，并言读书可以变换骨相。欲求变之之法，总须先立坚卓之志。

（节录自同治元年四月二十四日谕纪泽纪鸿书）

译文 人的气质本是天生的，早就有了定数，是难以轻易改变的，只有读书才能改变自己的气质。在古代擅长相面的人，都说读书可以改变骨相。要想求得变骨相的方法，必须先立下坚定不移的志向。

感悟 这几年，美容广告越来越多了。爱美之心人皆有之嘛！可是无论是拉皮还是垫鼻，俊男美女们还是一批批老去。美容不行，还是换曾文正的方法吧！那就是“腹有诗书气自华”。

“读书是可以提升人的品位、提升人的生活质量的。最通俗地说，读书是最好的美容剂，你再化妆、再打扮都是要老的，唯有一样是让人不老的，那就是读书。”在中国人民大学附属中学启动的“阅读支撑生命”大型读书活动上，中央教育科学研究所所长袁振国对读书的意义作了上述阐述。

其实，我觉得，他说得还保守了点，应该说，唯有一样是让人越来越有魅力的，那就是读书。

显然，读书比寻常美容强！著名学者周国平先生说：“真正意义上的阅读应该是这样的，通过阅读，自己精神的能力得到生长和发展，精神的需要得到满足，感觉到精神上的愉悦，获得精神上的收获。”正因为通过阅读，精神的需要得到了满足，精神上获得了愉悦，精神饱满，神采奕奕，人也会格外自信。宋朝诗人黄山谷说：“三日不读书，便觉语言无味，面目可憎。”三日不读书，自惭形秽，觉得无脸见人。说得更夸张的是央视一姐董卿：“一日不读书就好像一日不洗澡一样难受。”妈呀，不洗澡哪行啊？浑身都不舒服。真是睡前不读几页书，睡觉也不香啊！

说读书胜过美容，还因为美容只能改变外形，而读书可以改变气质。读书能影响人的心灵，而人的心灵和人的气质又是相通的。读书能教你为人宽厚，心地善良，使你生出纯真、热情的气质；读书能教你谦虚谨慎，持重内向，使你生出成熟、稳健的气质；读书能教你自强不息，不畏艰难，使你生出刚毅、坚定的气质；读书能教你勤于思考，勇于创新，使你生出深沉、进取的气质……相由心生，像托尔斯泰这样外形丑陋的大师，因终生与书为伴，晚年也显出几分慈祥可敬。奥地利作家茨威格在《列夫·托尔斯泰》一文中写道：“直到生命的最后十年，他脸上笼罩的厚厚一层阴云才消除了；直到人生的晚秋，俊秀之光才使这块悲凉之地解冻。”

那么你我这样，你的孩子、我的孩子这样本来就长相不俗之人，多读书，发挥“读书则可变化气质”之功，那肯定就成为翩翩美少年了吧？还是用托尔斯泰的话吧！他说：“人并不是因为美丽才可爱，而是因为可爱才美丽。”

说了这么多，我想各位家长早就认识到读书的好处了，可是孩子不读书怎么办？哄呗！读书需要诱惑，你知道吗？

当然前提是家长喜欢读书。如果你不读书或认为读不读书无所谓，那我就不好说什么了。笔者喜欢读书，我们家的孩子都喜欢读书。反正，忙完该忙的事，往那一坐，拿过一本书，看得津津有味，还不时嘿嘿笑出声是我经常干的事。孩子小啊，见我这样就会凑过来好奇地问。我于是添油加醋地把书中的故事讲给他听。久而久之，他便喜欢上书，也习惯往沙发上一坐，拿本书来看。阅读改变人生，这话一点不错。孩子开阔的知识面、敏捷的思维、儒雅的气质都来自书本。

所以说，一定要让孩子读书。

十一、再富不能富孩子

凡世家子弟，衣食起居无一不与寒士相同，庶可以成大器；若沾染富贵气习，则难望有成。吾忝为将相，而所有衣服不值三百金。愿尔等常守此俭朴之风，亦惜福之道也。

（节录自同治元年五月二十七日谕纪鸿书）

译文 凡是世家子弟，饮食起居，没有一样不与寒士相同的，才有可能成大器。如果沾染上富贵习气，就很难希望他有所成就。我虽然惭愧地位居相位，但所有衣服合计不值三百金，希望你们常恪守俭朴的家风，也是珍惜福分之道。

感悟 “自古英雄多磨难，从来纨绔少伟男”。曾国藩深知沾染上富贵气的害处，自己为官多年，从不敢沾染一点官场的陋习。饮食起居也恪守着贫寒朴素的家风，在日常饮食上常以一荤为主，如果家里不来客人，他绝不会独自增加一荤。因此人们都称曾国藩为“一品宰相”。在穿衣上，曾国藩即使做了总督，也不买绸缎衣服，彰显自己的身份，而是规定由老太太和夫人去制作，而且还规定老太太、夫人、女儿晚上都要织麻纺纱。他还要求儿子和诸弟“于读书、种菜等事尤为刻刻留心”。因此，曾国藩的两个儿子曾纪泽和曾纪鸿虽属“高干子弟”，门庭显赫，却都未变成“衙内”或“大少爷”之类的角色。想来，这和曾家的简朴之风是有很大关系的。

再看现在呢？有关富二代的负面报道铺天盖地。这正是“吾细思凡天下官宦之家，多只一代享用便尽。其子孙始而骄佚，继而流荡，终为沟壑，能庆延一二代者鲜也”。

笔者曾经的学生小陈就是一个富二代。也不知他父亲是干什么的，三年时间我只见过屈指可数的几次，前两次竟然都穿着睡衣！第一次是夏天军训，小陈从炮院的上铺摔下来，他开车来接孩子去医院时穿着睡衣。第二次是放寒假那天，其他家长和孩子都拿完成绩册走了，他们还没来。我打电话催促，他才带着儿子赶来，还是穿着睡衣！“睡衣爸爸”的故事也被我们笑了三年。

儿子小陈则是个不折不扣的烧包，绰号“陈烧包”。在学校花起钱来，流水一般，眼都不眨。有一次，他周五回家时钱包放抽屉忘记带了。周一来发现钱没有了，向我汇报。我自认无福尔摩斯的水平，只好劝他以后小心保管，如果有慈悲之心的话，可以捐献给贫困学子，就不要放在抽屉资助小偷了。

小陈因为经常炫富，成绩差，人品也差，时不时动手欺负人，搞得我班男生某天联合起来不和他玩了。他请客喝饮料不管用，拿钱“买友谊”也不奏效。这回他才知道钱不是万能的，稍微收敛了一些。

富贵气的表现，除了花钱如流水，还有没精气神。也许是家庭条件太优越了，安逸的生活让小陈坐不惯冷板凳了。他上课时总是无精打采的，作业嘛，也是爱写不写，或者随便写两笔天书，老师也没法辨认。

有一段时间，小陈突然变乖了，上课不趴着了，作业也认真做了。我很高兴地找他谈话，他告诉我他们家从别墅搬到原来的老房子里了。我一面安慰他，一面心里直乐：“没钱不是坏事嘛！看来，这孩子知道要自己努力了。”可是，好景不长。不久，他们家又变得有钱了。儿子嘛，当然更懒、更烧包了。联系家长，不是不接电话，就是没时间，实在躲不过去了就安排个姑姑来见老师。

如果说孩子这样都是钱害的，钱可能要大呼冤枉了。是啊，再富不能富孩子，亲爱的家长，如果你有钱，一定要学曾国藩，莫让孩子染上富贵气。这样的话，孩子才可能有出息，家业才可能长久兴旺。

古话也说："艰难困苦，玉汝于成。"孩子要成才，不回避"艰难困苦"，方能"玉汝于成"。所以，一定要让孩子在必要的"穷"和"苦"中得到锤炼，懂得以艰苦奋斗为荣，以骄奢淫逸为耻。

原香港特别行政区行政长官董建华的父亲董浩云是世界船王。他对孩子要求十分严格，从不娇生惯养。董建华理解父亲的苦心，因而读书时，过着十分简朴的生活。他每天乘公交车往返于校园和住所之间，潜心于学业，从来不因为自己是船王的儿子就与众不同。

董建华毕业以后，董浩云竟然安排儿子进入了美国通用汽车公司当一名普通职员。他对儿子说："小华，我不怀疑你是个有理想的人，但我担心你的刻苦精神不够，你不要想到自己有依靠，你必须自己主动去找苦吃，磨练自己的意志，接受生活对你的种种挑战，并战胜它。"董建华听从了父亲的话，在美国勤勤恳恳地干了4年，不仅学到了先进的管理经验，还学会了为人处世之道，培养了吃苦耐劳的精神，为今后的事业打下了坚实的基础。

作为世界巨富的董浩云，深谙对孩子的"穷"养之道，也最终养育出了非常优秀的儿子。由此可见，"俭朴之风亦惜福之道""凡世家子弟，衣食起居无一不与寒士相同，庶可以成大器"。

十二、选一个志趣远大的人做朋友

择交是第一要事，须择志趣远大者。

（节录自同治三年七月二十四日谕纪鸿书）

译文 选择朋友交往是第一要事，应当选择志向兴趣远大的人。

感悟 人生在世，除了亲情、爱情，最重要的情感莫过于友情了。在人的一生中，会结交各种各样、形形色色的人，而如何交往、选择谁来交往，就变得非常重要。

《列子》中记载着这样一个故事：齐国的管仲和鲍叔牙是一对好朋友。管仲家里很穷，鲍叔牙和他做生意时总是自己多出本钱却拿得比鲍叔牙少，当别人问起时，他都帮管仲辩解，说管仲需要赡养老母亲，需要钱用。管仲听到了就说："生我者父母，知我者鲍子也。"在后来齐国的内乱中，管仲想杀掉鲍叔牙保护的公子小白，让公子纠当上齐王，却无奈公子小白先回到齐国当上了国王并想封鲍叔牙为相。这时，鲍叔牙却推举管仲为相，说管仲比自己有才能，当时想杀公子小白也只是各为其主。最终，管仲当上了宰相并辅佐公子小白（齐桓公）成就了一代霸业。

这就是千古流传的管鲍之交，管仲正是因为交到了鲍叔牙这个志向远大的朋友才有机会被推举为相。可见，一个人交到好朋友，交到志向远大的朋友是多么的重要。

对于中学生来说，大部分的时间都在学校，同学之间的影响力往往超过老师和家长。交一个什么样的朋友对孩子的成长非常重要，那么如何选择自己的同学进行交往呢？

第一，不能论成绩好坏来择友。很多家长和学生都有着这样一种片面的观点，好成绩的学生等于好学生，差成绩的学生等于差生。在我看来这不仅是片面的，而且可以说是错误的。因为成绩的好坏是一时的，有些人在知识的学习上有天赋，有些人却不善于学习，而且成绩好的学生在今后走上社会后并不见得比成绩稍逊的同学"混"得好，高分低能的学生也数见不鲜，所以择友并不能以成绩的好坏来选择，成绩的好坏也只能稍微做一个参考。

第二，不能凭外表来择友，要善于发现他人的优点。一个人可能外表邋遢却内心世界丰富多彩，胸怀大志，所以我们不能仅凭对人的外在印象来选择朋友，那样做就会遗漏太多朋友。笔者儿时有一个同学外号叫"鸭子"，平常走路像个小老头一样背着个手，成为我们嘲笑的对象。可是偶然的一次，我和他说了几句话，发现这个同学并不像他外在所表现的那样。他谈吐风趣，知识广博，因而文科成绩也非常好，并弹得一手好钢琴。所以你万万不可凭外表来择友，要深入了解别人，发现别人的优点，切不可凭外表看人而失去了你的"贵人"。

第三，当断则断，可不断便不断。当你和一个人成为了朋友，却发现他真的没有值得你学习的地方并令你反感，那怎么办？我说，那就不要再和他深交了。但是，如果你对他的某个方面还是有好感，并能容忍他的一些缺点的话，那么还是继续做朋友比较好。俗话说得好，"多个朋友多条路，多个敌人多堵墙"。

朋友是会陪你度过一生的人，朋友的多少在某些方面决定着你成功的大小，朋友的好坏也多多少少影响着你生活的质量。"近朱者赤，近墨者黑"，所以多交良友，多结益友，狐朋狗党要不得。

保尔·柯察金正因为认识了志向远大的朱赫来而成为了一名坚强的布尔什维克战士；刘、关、张三兄弟心存大志，荣辱与共才建立了蜀汉政权，与曹操、孙权分庭抗衡；曾国藩自觉地接近品学兼优的人，他结交的益友，对他的一生及事业都起到了重要作用。

所以说，择友应择志向远大的人。人的一生如果结交了好的朋友，就可以患难与共，相互砥砺，不仅可以成为情感慰藉，也可以成为事业成功的基石。如果滥交朋友，一旦交上品德低下的人，不但不宜于品德修养，反而有可能会被同化，以致同流合污，丧失了自己本来善良的品行和道德。

十三、误人的短板理论

又问“有一专长，是否须兼三者，乃为合作”，此则断断不能。韩无阴柔之美，欧无阳刚之美，况于他人而能兼之？凡言兼众长者，皆其一无所长者也。

（节录自同治四年七月初三日谕纪泽纪鸿书）

译文 你又问我在某个方面具有一定专长，是否必须兼有其他三个方面才能算符合法度？这种想法是绝对不对的。韩愈的文章没有阴柔之美，而欧阳修的文章没有阳刚之美，更何况是其他人的，怎么能够兼而有之呢？凡是说妄图兼有众人长处的人，最终都是几乎一无所长。

感悟 纪泽问曾国藩写文章是否要兼有大家之长，曾国藩明确地告诉他这种想法是错误的，妄图兼有众人长处的人，最终都是几乎一无所长。是啊，韩愈、欧阳修虽位居唐宋八大家之列，也未能兼具阳刚阴柔之美，更何况他人呢？

不知文正公在世时有没有听说过短板理论。“短板理论”又称“木桶原理”“水桶效应”。该理论是由美国管理学家彼得提出的，指盛水的木桶是由许多块木板箍成的，盛水量也是由这些木板共同决定的。若其中一块木板很短，则此木桶的盛水量就被短板所限制。这块短板就成了这个木桶盛水量的“限制因素”(或称“短板效应”)。若要使此木桶盛水量增加,只有换掉短板或将短板加长才成。

短板理论很长时间内影响着国人的思维,尤其是中小学的老师、家长。教育大纲也强调要全面发展。是啊,看起来全面发展确实很重要。“每门学科都必须优秀,都不能落下,不然最弱的那科一定会在考试的时候拖你后腿!”没有几个人能绕得过去的中国高考制度确实是短板理论强有力的论据。以江苏高考制度为例,语、数、外三门必须学好,否则你的作文写得好又怎么样?即使是出过书,也很少有学校有魄力招特长生,还是把短腿学科数学好好补补靠谱。

可是,事实上呢?回到理论本身,笔者认为是有破绽的,我们完全可以加长长板,倾斜水桶,装的水一点也不少。只是水桶的形状看上去有些不规范而已。

再将短板理论应用到个人发展和学科教育方面,我们的全面发展理论和高考制度终归没能培养出个爱因斯坦,培养出个比尔·盖茨,培养出个乔布斯……

曾国藩先生一百多年前知道的道理,我们今天还常常迷失。先生所言虽是文章学(即文章要有自己的个性),但也适用于学科成绩和个人发展。家长希冀自己的子女全面发展,甚至是做一个完美的人,这些想法是不科学的。与其这样,不如细心观察发现他的个性和特长,找到闪光之处,细加培养。假以时日,他一定能成为有用之人。

小邵是一个“特别”的学生。这孩子可不是一般的木讷,上课让他回答问题,他总是词不达意,紧张的样子看着让人难受。平时他也不爱和同学交往,课外活动时常常就他一人坐在教室里画画。他喜欢用黑色水笔画线条无比繁复的建筑和人物,用笔虚构一个个想象的世界。

幸运的是他有一个智慧的母亲。他妈妈是个文字工作者,戏称这是个“云上的孩子”，把他的画和文章拿给我看。也许是看了太多书的缘故吧，这孩子总不能很好地融入现实世界，我们也就小心地呵护着他，让他在自己的世界里翱翔。小邵的功课还算可以，初三下学期复习紧张时，他情绪化的时候会扔课本，我们也由他宣泄压力。中考结束，他考入了剑桥国际班，打算高中毕业去美国学建筑，志向是成为贝聿铭那样的大师。我不知道他能否成功，但他初中阶段举办了个人画展，外界评价不错。

这样一个孩子，如果用全面发展来要求他，让他多参加活动、多发言，那些小灵感会不会被吓得跑到九霄云外去了呢?

所以说，要善于发现孩子的特长，加以培养。不能让猪去唱歌，让兔子去游泳。要成功育人，就得让小兔子跑步，小鸭子游泳，小松鼠爬树。非得要每一个人全面发展，结果只能是全面平庸。如果当年有人逼着毛泽东补习数学，“独立寒秋，湘江北去，橘子洲头”就变成“恶补奥数，诗情北去，豆油灯下”了。

最后这个故事是儿子讲给笔者听的：有一种小动物鼯鼠既会滑翔，又会游泳，还会打洞。这时，一只苍鹰飞快地向这边俯冲。松鼠不慌不忙地钻进了树洞，老鼠也钻进了刚挖好的地洞里，小鹿则若无其事地吃着草，鼯鼠张开四肢就飞到了河水中。这时早已在一旁等候的鳄鱼飞速地游向它，眼见就要把它吞下去，鼯鼠却幸运地逃到了岸边，鳄鱼对此依然穷追不舍。这时挖掘已然来不及，鼯鼠快速地在地面上奔跑，一只狐狸也加入到这次追捕中。它慌乱地爬到树上，等待它的却是一双冰冷的毒牙。最后，当它再次飞到空中，那只苍鹰早已牢牢地抓住了它。

全面发展的小鼯鼠，可能到死也不明白怎么就这么死了呢!

十四、要乐学不要苦学

望尔等于少壮时，即从“有恒”二字痛下工夫，然须有情韵趣味，养得生机盎然，乃可历久不衰。若拘苦疲困，则不能真有恒也。

（节录自同治四年七月十三日谕纪泽书）

译文 希望你们在青壮年时期，就从“有恒”二字上狠下功夫，但是需要在读书中得到情韵和趣味，让你们朝气蓬勃、神采奕奕，这样读书的兴趣才可以经年累月而不衰减。如果读得拘谨辛苦、疲惫困倦，就不能真正长久。

感悟 曾国藩大人就是让人佩服：中国人一直喜欢强调“苦学”，甚至有“头悬梁、锥刺股”这样极端的案例，可是他却在教导儿子读书要坚持不懈的同时，还启发儿子要从学习中找到“情韵趣味”，这样才能长久。

笔者欣赏曾先生的提法，要从读书中找到情趣，要乐学不要苦学。把学习这件事和一种令人不舒适的“苦”的感觉联系到一起，会使孩子在想到学习时，就有微微的不快。有谁会喜欢苦呢？一个人为了某个目标而“吃苦”，必须基于他有足够的理性和毅力。这种理性和毅力，连成年人都不是人人具有的，用它来要求孩子，就更不合适了。

如果我们一厢情愿地要求孩子“吃得苦中苦，方为人上人”，“不经一番寒彻骨，哪得梅花扑鼻香”，效果肯定差强人意。与其这样，倒不如引导孩子发现学习中的乐趣，这样从“学习情感”方面来培养孩子的好学精神更符合孩子的心理特点。

无数成功者的经验告诉我们，要出色地完成一项活动，最强的动力莫过于对活动本身的情感和兴趣。兴趣是学习的最好动力，孔子就曾说过，知之者不如好之者，好之者不如乐之者。情感又是兴趣的本源，有了情感，才会对学习有浓厚的兴趣；反过来，兴趣又可以促使情感的加深，两者互为依存，相得益彰。

普渡大学校长郝德说：“科学的无限疆界，展开在人类面前。”每个知识的先驱者所面对的，由外人看来，好像是山穷水尽的泥穴，其实在他自己看来，却是花繁叶满的桃源，因而流连忘返，因而乐此不疲。

1933年，爱因斯坦去美国普林斯顿高等研究院工作。他提出两个要求：“一是要同时接受我的助手，并给以正式的职位。二是我的年薪只要3000美元。当然，如果维持生活用不了3000美元的话，还可以再稍低一些。”

爱因斯坦的第一个要求不成问题，但是第二个要求却让教育专家费莱克斯纳感到为难。一个世界顶级科学家，年薪只有3000美元，这怎么能说得过去呢？如果有人说这是虐待爱因斯坦，自己实在担当不起这个罪名。于是，他一次又一次地建议，无论如何要把年薪多提高一些。最后，总算让爱因斯坦勉强接受了16000美元的年薪。爱工作而不计报酬的爱因斯坦，就是如此沉醉于科学的桃源，乐此不疲的。

对于学生来说也是这样，喜欢学习的学生就能和作业交朋友，整天乐呵呵地学习，朝气蓬勃、神采奕奕。下面是一个学生的作文——《和作业交朋友》。

看了这个题目，你一定很惊讶吧？“我们避开作业还来不及呢，你怎么喜欢和作业交朋友？”嘘，听我娓娓道来。

还记得去年，天那么蓝，蓝得让我心慌；人那么多，多得让我的心跳失了控。初一，一个幼稚与感性并存的花季，我认识了她，一位善良的学姐。我和她打球、聊天，短短的夏令营生活结束后，留给我们的，只有匆匆一瞥，她给我印象最深的就是一次谈话。

“开始学习了，你要记得，和作业交朋友。”“如果我觉得既苦又枯燥，还是要这么做吗？”“上课就像是吃饭，把知识都消化，把难点都理解，做题就像买单。如果你光吃而不想买单，你怎么确定你吃过了或吃饱了？没有训练，听再多也是白搭，而且老师就如餐馆老板，你不买单，休想逃跑。吃霸王餐，可是会吃撑的；一吃撑，在学习路上可跑不快。”我被她生动幽默的比喻逗乐了。“照你这么说，非得和作业交朋友？”“呵呵。”她不好意思地摸了摸脑袋，“其实我做得也不够好。”

“嗯，我想，你把作业看成一个沉默的人，他不动声色，百般刁难，有时还长得特别胖……”“胖？”“就是量多呗，但我们要想和这样一个坏人交朋友，只能开动脑筋，不打不骂！”她和我的眼睛都因激动闪闪发光，像找到了独门秘笈，很快就能平步青云了。

就这样，初一的日子过得充实而空虚。充实，是和作业交朋友后的满足和喜悦；空虚，是与朋友欢聚的时光太短，有更多的闲暇去看书！

勤动脑，多动手，和作业交朋友并不难！

有了这样独门秘笈的孩子学习起来总是兴致勃勃的，比苦着一张脸，满心不愿意地坐在教室里的孩子肯定强很多啦。刚刚过去的期末考，她的语文考了年级第一哦！

十五、点燃每位孩子的火花

余近年默省之“勤、俭、刚、明、忠、恕、谦、浑”八德，曾为泽儿言之，宜转告与鸿儿。就中能体会一二字，便有日进之象。泽儿天质聪颖，但嫌过于玲珑剔透，宜从“浑”字上用些工夫，鸿儿则从“勤”字上用些工夫。

（节录自同治五年三月十四日谕纪泽纪鸿书）

译文 我近年来常常静默反省的“勤、俭、刚、明、忠、恕、谦、浑”八种品德，曾经对泽儿说过，应该告诉给鸿儿。在这中间能体会一两个字，便会每天有进步。泽儿天资聪颖，但过于玲珑剔透，应该从“浑”字上用些功夫，鸿儿却应该在“勤”字上用些功夫。

感悟 曾国藩用八个字概括了自己的文化性格，希望两个儿子能体会学习一二，在学业和修身上获得长足进步。

对于天泽聪颖的纪泽，他告诫更多从“浑”字上下功夫。浑者，浊而不清也，也指糊涂、不明事理，亦有天然之意。守拙用浑，是曾国藩性格特质中智慧的显现。尤其是到了晚年，这位深谙世事的政治老人，更讲求“拙浑”二字。他说：“浑则无往不宜。大约与人忿争，不可自求万全；白人是非，不可过于武断，此浑字之最切于实用者耳。”这有点和我们讲的“大智若愚”相似。

曾国藩天资平平，一生事功在很大程度上是勤勉守恒所致。他认为，勤如天地之阴气，立身居家，做官治军，都是依赖阳气鼓荡。勤则兴旺，惰则衰颓。所谓勤，就是手眼俱到，心力交瘁，困知勉行，夜以继日。勤字功夫，一是要早起，二是要守恒。因此，他推崇早起，以早起为第一先务，认为治家要以不晏起（迟起床）为本。而曾纪鸿生性淡泊，不热衷名利，略有懒散之象，故曾国藩以“勤”字再三告诫纪鸿。

在这一则曾氏家训中除了先生的文化品格，更多的是先生“因材施教”的教子艺术。

提到“因材施教”，我们首先想到的就是孔子的那个故事：

子路问孔子：“听到什么就行动起来吗？”

孔子说：“你有父亲兄长在，你怎么能听到这些道理就去实行呢！”

冉有也来问：“听到什么就行动起来吗？”

孔子说：“应该听到后就去实行。”

公西华问道：“子路问是否闻而后行，先生说有父兄在。冉有问是否闻而后行，先生说应该闻而即行。我弄不明白，想请教先生一下。”

孔子说：“冉有为人懦弱，所以要激励他的勇气。子路武勇过人，所以我让他谦退。”

这个经典故事充分说明了“因材施教”的重要性。其实，“因材施教”不仅是对教师的要求，也是家长应遵循的教子原则。放寒假前一天，考了第二名的小豪的妈妈问老师，第一名的小王有没有什么经验可以让小豪学习。老师说，没有，两个孩子完全不一样，学不来。小王是短跑选手，平时学习就有反应快、效率高的特点，这次突击复习爆了个冷门。但猎豹跑不了长途，他需要学习小豪的踏实勤奋、不骄不躁。学习是一辈子的事，最起码是中长跑。小豪的妈妈信服地走了。

您的孩子是什么类型,您应该很了解的。该怎样因材施教,这里给您几点小小建议。

第一,对不同智力水平的孩子采用不同的教育方法。孔子从学生智力水平的客观实际出发,把学生大致分为“上智”“中人”“下愚”三类。孔子弟子中,既有“闻一知十”的颜回,又有“闻一知二”的子贡,智力水平参差不齐。智力较低甚至于“下愚”的学生,只能教给他们与智力水平相符的知识,否则,“欲速则不达”。如同是“问仁”,孔子的回答却不尽相同:

颜渊问仁。子曰:“克己复礼为仁。”

仲弓问仁。子曰:“出门如见大宾,使民如承大祭。己所不欲,勿施于人。在邦无怨,在家无怨。”

司马牛问仁。子曰:“仁者,其言也讱。”

子贡问为仁。子曰:“工欲善其事,必先利其器。居是邦也,事其大夫之贤者,友其士之仁者。”

子张问仁于孔子。孔子曰:“能行五者于天下,为仁矣。”“请问之。”曰:“恭、宽、信、敏、惠。”

第二,针对孩子的个性特点进行教育。如果你的孩子是遇事鲁莽、容易冲动之人,你应该时不时给他泼点冷水,告诫他凡事要谨慎考虑,多听他人的意见再行动;如若孩子胆小怕事,遇事退缩无主见,就给他加油打气,鼓励他更加果敢大胆地行动。

第三,根据孩子的兴趣爱好进行教育。孩子各有不同的兴趣爱好,所谓“知者乐水,仁者乐山;知者动,仁者静”。笔者的学生中,小宇是个生意精,和他谈去美国读商科他最起劲;花花是个汽车迷,鼓励他好好学习,只能用德国、意大利先进的汽车技术诱导;小王的目标是建立一个更合理的社会制度,我和他聊王阳明,他想不服气都不行。

因材施教,高明的老师和家长会尽可能点燃每位孩子的火花。

十六、不要用爱的名义剥夺孩子选择的权利

尔以后读古文古诗，惟当先认其貌，后观其神，久之自能分别蹊径。今人动指某人学某家，大抵多道听途说，扣槃扪烛之类，不足信也。君子贵于自知，不必随众口附和也。

（节录自同治五年十月十一日谕纪泽书）

译文 你以后读古文古诗，一定要先了解它的大概内容和结构，然后再领悟神韵，时间长了一定能分辨其中的奥妙。现在有人动不动就说某人学某家文章，大多是道听途说，不经实践，不值得相信。君子贵在自知，不必大家说什么你就附和什么。

感悟 这一则家训，曾国藩既讲了读古诗文的方法，也讲了学问之道与做人之道，贵在自己有所得，不必人云亦云。总结起来说就是无论做学问还是做人都要有自己的看法，不必随大流。

我们也从读古诗文谈起。

孩子三四岁时，我们就可以教他读背古诗了，当然是比较简短易懂的。幼儿读古诗并不重在理解，古诗词平仄押韵，读起来抑扬顿挫、朗朗上口，孩子很喜欢，读着读着自然就会慢慢理解。记得儿子小时，有一个春天，雨过天晴笔者带他去看樱花，发现昨天还

开得很美的花全都谢了。小家伙随口给我来了句:“雨前初见花间蕊,雨后全无叶底花。”我喜欢得不得了,抱起他狠狠地亲了一口。所以千万不要小瞧孩子的领悟力。

孩子再大一些,学稍难一些的古诗文,就可以简单地说一说诗的意思了,但一定不要讲得太细,诗中的意境美和神韵美重在体会。它们原本就是无须解释的,一解释就是对想象力的束缚,就是对意境美的破坏。

到了中学阶段,孩子具备了一定的自主学习能力,完全可以先自己预习,了解它的大概内容和结构,然后再在老师的指点下领悟其思想精髓。时间长了,学生的语感越来越好,不仅做起题目来不用劳神费力,语文的素养也会大大提高,对母语的热爱之情也会油然而生的。

以上讲的是具体的学习方法,接下来我们谈谈学问之道、做人之道:要有自己的主见,不要人云亦云。

“一千个读者有一千个哈姆雷特”。鲁迅先生说《红楼梦》:“单是命意,就因读者的眼光而有种种:经学家看见《易》,道学家看见‘淫’,才子看见‘缠绵’,革命家看见‘排满’,流言家看见‘宫闱秘事’。”读书本是仁者见仁,智者见智的事,听说莫言获了诺贝尔文学奖,就一窝蜂地去看莫言,一窝蜂地加以赞美之词,这就是赶潮流了。做学问最要不得的就是赶潮流,流行什么书就看什么书的人,最终除了在大庭广众之下夸夸其谈时多些谈资,不会有什么真才实学的。正是看到了这一点,曾国藩教育曾纪泽读书要敢于坚持自己的见解。孔子说“学而不思则罔”。读书如果不加思考,就等于没有读书。我们在读书时,或者在指导孩子读书时,也要学会和教给孩子学会独立思考,有自己的见解。尽信书,不如不读书。

做人呢?更是如此。不仅要有自己的见解,遇到反对的声音时,还要敢于坚持。历史证明,真理一开始往往掌握在少数人手中。袁隆平的故事就是一个很好的证明。袁隆平被誉为“世界杂交水稻之父”,在国内外获得的荣誉不计其数。可他刚开始提出通过“三系”来培育高产杂交水稻的时候，却遭到学术界权威的强烈质疑与反对。他们批评袁隆平的研究是“对遗传学的无知”，甚至有人预言，“三系三系，三代人也搞不成器”。可袁隆平坚持自己的想法，不为所动，后来的事实证明，袁隆平和同行们只用了短短三年时间就攻克了杂交水稻这道世界难题。

那么如何培养孩子的主见呢？

首先，民主很重要。无论是家长还是老师，都要允许孩子有自己的想法：孩子不必太听话。做父母的不要总是把自己的意志强加给孩子，随着孩子的成长，应该给孩子越来越多的自由度和控制自己生活的权力。早睡早起固然是个好习惯，但如果他在寒假愿意晚起晚睡，抓紧可用的时间也未尝不可。在这些小事上笔者都会充分尊重孩子的意见。另外还要允许孩子犯错时有辩解的权力。无论学生犯了多大的错误，笔者都会把他叫到办公室或其他人少的地方，第一句话是“怎么回事？”给孩子解释的机会，决不劈头盖脸痛骂一顿。

其次，让孩子在选择中成长。尊重他选择的权利，从小就给他选择的权力。如果他喜欢画画，你不要硬逼着他去学奥数；他喜欢打篮球，你不要逼着他去学《新概念》。不要一厢情愿地认为“数学、英语更重要，我是为他好”，不要用爱的名义剥夺孩子选择的权利。当然在比较重大的问题上，比如择校、就业，就要慎重些，但给出建议的同时还是要尊重他自己的选择。

最后，需要补充的是，给孩子民主，并不否定父母要及时反对孩子那些不合理的、有害的以及无法承担后果的选择。

十七、做个刚柔相济的人

尔禀气太清，清则易柔，惟志趣高坚，则可变柔为刚；清则易刻，惟襟怀闲远，则可化刻为厚。余字汝曰劼刚，恐其稍涉柔弱也。教汝读书须具大量，看陆诗以导闲适之抱，恐其稍涉刻薄也。尔天性淡于荣利，再从此二事用功，则终身受用不尽矣。

（节录自同治六年三月二十八日谕纪泽书）

译文 你的天性太纯洁，一个人简单到一目了然，就显得柔弱。只有志向高远坚定，才能使自己变得刚强。洁净则容易刻薄，唯有志向高远，才可以化单薄为厚重。我为你取字为劼刚，就是担心你有些柔弱。希望你读书学会容忍才能够发展，看陆游的诗来引导，就是担心他不够厚重。你天性淡泊名利，再从这两件事上努力，就会终身受益。

感悟 看到这则家训，令人不禁想到《牙齿和舌头》的故事：中国古代大哲学家老子，有一天他把弟子们叫到床边，张开口用手指一指口里面，然后问弟子们看到了什么。在场的众弟子没有一个能答得上。于是老子就对他们说："满齿不存，舌头犹在。"意思是：

牙齿虽硬,但它寿命不长;舌头虽软,但生命力更强。老子先生讲这个故事的本意是说,做人应该像舌头那样能伸能屈,不要像牙齿那样全来硬的。

但是,也有不同的看法。牙齿与舌头在食物研磨、品味过程中分工协作,起着各自不同的作用。牙齿切断和研磨食物,舌头品味、搅拌及吞咽食物,使唾液和食物充分混合。二者分工配合,才能够完成吃饭这件大事。道家主张以柔克刚、以弱胜强,法家主张以强对强、以硬碰硬,孔孟主张直率、诚实。我则以为以柔的方法,成刚强之事,才是真谛,只有刚柔相济才能更好地活着!

教了二十几年书,每一届都会碰到牙齿一类的学生。他们脾气暴、性子直,遇到事情不懂得妥协和退让,一味地强硬,宁折不弯。他们最大的本事是把一点点小事闹大,弄得不可收拾,很容易和老师同学发生激烈冲突。

学生"刺猬"就是个典型。记得还是初一新生军训时,他就和教官发生了冲突。"唉!教官说你两句你听着就是,'秀才遇到兵,有理讲不清'。怎么连这句话都不知道,还和教官争辩,气得脸红脖子粗的样子!"笔者严肃地与他讲完道理,说"你到边上好好反思"。可这小子却不领情,脖子一梗,说了句"不用",自己回队去了。

对这种刺猬一样的人,怎样才能和他正常沟通,让他刚柔相济呢?

一、化敌为友。开学了,老师不理会"刺猬"一脸不耐烦的样子,偏偏有事没事找他。被找惯了,他也知道,老师总是与他共商班级管理大计,只要不是明显行不通的馊主意,都会让他去试。也不过半年时间吧,再叫他时,他会大步流星地走来,端正站立,很有风度地问一句"老师,什么事?"接下来就听我吩咐或帮我出主意了。怎么样,乖顺多了吧?

二、以柔克刚。对这样的孩子,不需要和他们发生正面冲突,即使他们有时出言不逊,我也忍耐为先。等到他们冷静下来再谈话,该打该骂一样不落下,决不姑息迁就。好在这样的孩子,一般认识到错误后都不会逃避处罚,倒也光明磊落、勇敢无畏。

三、耐心疏导。口头的教育毕竟时间有限,那就给他们布置读书任务,当然要读《牙齿和舌头》的故事。知道了太刚易折的道理,知而后行的"刺猬"同学最近竟然学会了当和事老!他的好朋友花花同学得罪了英语老师,他一面劝英语老师不要生气,一面哄骗花花写了份检查给英语老师,化干戈为玉帛了。

亲爱的家长,如果你的孩子过于柔弱,要让他坚强一些,也有以下方法供参考。

首先,家长要与孩子建立好信任关系,真正信任孩子,相信孩子有能力去完成自己的事,防止包办。你信任他,他也相信自己。

其次,要鼓励孩子大胆做事,失败了要分析原因,不要责备,然后调整行动方案,直到成功。

第三,要加强延迟满足训练。不要孩子有什么欲望要求,就立刻满足。有些需要适当延迟,给他提要求和条件,让他努力做好某件事后再满足其要求,可以提高其内控力和坚韧力。

第四,不要使用"冷暴力"。"冷暴力"包括"语言、情绪情感的软暴力"。孩子应该做的,要严格督促其过程,不要到了结果不好时,予以过多的责备、数落或者对孩子施加过多负面情感的压力。

希望您的儿子外刚内柔,您的女儿外柔内刚,成为典范男孩、典范女孩!

十八、知足天地宽

余生平略涉儒先之书，见圣贤教人修身，千言万语，而要以不忮不求为重。忮者，嫉贤害能，妒功争宠，所谓“怠者不能修，忌者畏人修”之类也。求者，贪利贪名，怀土怀惠，所谓“未得患得，既得患失”之类也。……将欲造福，先去忮心；将欲立品，先去求心。

附《忮求诗二首》

（右不忮）

善莫大于恕，德莫凶于妒。妒者妾妇行，琐琐奚比数。己拙忌人能，己塞忌人遇。

己若无事功，忌人得成务。己若无党援，忌人得多助。势位苟相敌，畏逼又相恶。

己无好闻望，忌人文名著。己无贤子孙，忌人后嗣裕。争名日夜奔，争利东西骛。

但期一身荣，不惜他人污。闻灾或欣幸，闻祸或悦豫。问渠何以然，不自知其故。

尔室神来格，高明鬼所顾。天道常好还，嫉人还自误。幽明丛诟忌，乖气相回互。

重者灾汝躬，轻亦减汝祚。我今告后生，悚然大觉寤。终身让人道，曾不失寸步。

终身祝人善，曾不损尺布。消除嫉妒心，普天零甘露。家家获吉祥，我亦无恐怖。

（右不求）

知足天地宽，贪得宇宙隘。岂无过人姿，多欲为患害。在约每思丰，居困常求泰。

富求千乘车，贵求万钉带。未得求速偿，既得求勿坏。芬馨比椒兰，磐固方泰岱。

求荣不知餍，志亢神愈忲。岁燠有时寒，日明有时晦。时来多善缘，运去生灾怪。

诸福不可期，百殃纷来会。片言动招尤，举足便有碍。戚戚抱殷忧，精爽日凋瘵。

矫首望八荒，乾坤一何大。安荣无遽欣，患难无遽憝。君看十人中，八九无倚赖。

人穷多过我，我穷犹可耐。而况处夷途，奚事生嗟忾？于世少所求，俯仰有余快。

俟命堪终古，曾不愿乎外。

（节录自同治九年六月初四日书）

译文 我生平浏览先贤大儒之书，发现圣贤教人修身，千言万语，却以不忮不求最重要。所谓忮，就是指嫉妒贤能，拼命地邀功争宠的人——自己懒惰、不进步，却嫉妒别人，害怕别人超过自己。所谓求，是指贪利贪名，只去追求个人利益的人——没得到的，拼命弄到手，弄到手后，又担心失去。……如果想为天下人谋求幸福，首先就要消除忮心。如果想要品德高尚，就该除掉贪心。

感悟

读这则曾氏家书和《忮求诗二首》，我想到了三个古人：周瑜、苏轼和和珅。

周瑜乃一代英才，他胆略过人，才华卓越，但在《三国演义》中，他妒贤忌能，器量狭小，目光短浅而又意气用事，因为嫉妒诸葛亮的才华，气死了自己，白白丢了性命。

苏东坡才华盖世，不愧为一代文豪，却因“乌台诗案”成为文字狱的第一人，一贬再贬，直到蛮荒之地的海南岛。原因何在？最简要的回答是他弟弟苏辙说的那句话：“东坡何罪？独以名太高。”他太出色，太闪亮，像天空的一轮明月，让周围的星星都黯然失色，引起同代文人酸溜溜的嫉恨，然后你一言、我一语地上书将苏轼排挤出朝廷。

忮者，或伤己或害人。因为嫉妒，周瑜害死了自己；因为嫉妒，北宋一批文人丧失了群体人格，表现得猥琐不堪，将苏东坡挤到了海南。嫉妒之心像火苗，一旦遇到风势，便会熊熊燃烧，后果不堪设想。

贪婪呢？历史上的落马贪官比比皆是，最为人所熟知的就是和珅了。和珅因相貌俊秀，才华出众，得到了乾隆的赏识，在很短的时间里，从三等侍卫擢升为内阁首辅大臣。乾隆还将最小的女儿嫁给了和珅的儿子。和珅不仅大权在握，而且还成了皇亲国戚。随着权力的增大，他的私欲也日益膨胀，利用职权贪污受贿，不仅成为权倾一朝的首辅大臣，也成为清朝年间的赫赫首富。一朝天子一朝臣，嘉庆皇帝以一条白练令和珅自裁，抄家清单里，记载着金银财宝、绫罗绸缎、稀奇古董，多得数都数不清，粗粗估算一下，大约值白银八亿两之多，抵得上朝廷十年的收入。于是，民间就有人编了两句顺口溜讽刺说：“和珅跌倒，嘉庆吃饱。”时至中年的大贪官，终于落得了应有的下场。

不惟古人，现在的贪官越来越多，贪污腐败成了世界性问题，其中不乏能力卓著之人，一旦起贪婪之心，就会越演越烈，直到银铛入狱。

因此不忮不求不仅是修身至要，还关系到身家性命。如何做到呢?

宋濂少时家庭贫困,他穿着一件破旧的袍子,与那些穿了高级狐貉皮袍的“大款们”站在一起,不仅不嫉妒、不以为耻,而且没有自卑感,丝毫不觉得自己不如人家。他为何能做到不卑不亢?关键是心理健康,自己有远大的志向,在读书中找到了无穷的乐趣,所以不会以“恶衣恶食”为耻。我们的家长要培养孩子正确的价值观,此其一也。

其二,心胸坦荡,淡泊名利。笔者接触的家长家境富裕的比比皆是。你有钱,但你是人,我也是人,都是两个鼻孔一张嘴,你也没多啥,你比我强,我也不嫉妒。你钱多吗?我也能衣食无忧,我并没有觉得钱和幸福、快乐有多大关系。不嫉妒,就不会羡慕别人比自己富;不贪婪,就不会懊悔自己比别人穷。淡定如此,自然就气宇轩昂。家长能“不戚戚于贫贱,不汲汲于富贵”,孩子也能抵制物质的诱惑。

其三,不盲目攀比。一般孩子产生嫉妒贪婪心理的主要原因是受大人的影响,有些大人之间互相猜疑,互相看不起,和别人攀比或当着孩子面议论、贬低别人,会在无形中影响孩子的心理。家长如果能有“比上不足,比下有余”的良好心态,正确看待孩子的优缺点,时时欣赏自己的孩子,而不是常羡慕别人家的孩子,孩子也会欣赏自己,“知足天地宽”。如果别人买了别克,你要买奔驰,就不能怪孩子看到同学的耐克要阿迪了。

为了去掉好胜好名的私念,曾国藩常用“不忮不求”作为治心的重要内容。他说:不去掉“忮”,满怀都是荆棘;不去掉“求”,满腔天天都是卑污。舍弃也是一种智慧,我们要正确看待得失,学会知足。

“事能知足心常惬,心底无私天地宽”。是的,一个人如果能淡泊名利,知足常乐,有着丰富的精神生活,有着高尚的精神追求,必然会感到天高地阔,神清气爽。保持一颗自然心、平常心,就可以实现怡然自得,消解一切烦恼,达到人生的美好境界。

十九、伟大的遗嘱

一曰慎独则心安

自修之道，莫难于养心。心既知有善、知有恶，而不能实用其力，以为善去恶，则谓之自欺。方寸之自欺与否，盖他人所不及知，而己独知之。

故能慎独，则内省不疚，可以对天地、质鬼神，断无行有不慊于心则馁之时。人无一内愧之事，则天君泰然。此心常快足宽平，是人生第一自强之道，第一寻乐之方，守身之先务也。

二曰主敬则身强

内而专静纯一，外而整齐严肃，敬之工夫也；出门如见大宾，使民如承大祭，敬之气象也；修己以安百姓，笃恭而天下平，敬之效验也。

庄敬日强，安肆日偷，皆自然之征应。……

若人无众寡，事无大小，一一恭敬，不敢懈慢，则身体之强健，又何疑乎？

三曰求仁则人悦

凡人之生，皆得天地之理以成性，得天地之气以成形。我与民物，其大本乃同出一源。若但知私己而不知仁民爱物，是于大本一源之道已悖而失之矣。至于尊官厚禄，高居人上，则有拯民溺、救民饥之责；读书学古，粗知大义，即有觉后知、觉后觉之责。

孔门教人，莫大于求仁，而其最切者，莫要于“欲立立人、欲达达人”数语。立者自立不惧，如富人百物有余，不假外求；达者四达不悖，如贵人登高一呼，群山四应。

四曰习劳则神钦

凡人之情，莫不好逸而恶劳；无论贵贱、智愚、老少，皆贪于逸而惮于劳，古今之所同也。人一日所着之衣、所进之食，与一日所行之事、所用之力相称，则旁人韪之，鬼神许之，以为彼自食其力也。若农夫织妇，终岁勤动，以成数石之粟，数尺之布；而富贵之家终岁逸乐，不营一业，而食必珍羞，衣必锦绣，酣豢高眠，一呼百诺，此天下最不平之事，其能久乎？

古之圣君贤相…… 盖无时不以勤劳自勉。……为一身计，则必操习技艺，磨炼筋骨，困知勉行，操心危虑，而后可以增智慧而长才识；为天下计，则必己饥己溺，一夫不获，引为余辜。大禹之周乘四载，过门不入，墨子之摩顶放踵，以利天下，皆极俭以奉身，而极勤以救民。

故勤则寿，逸则夭；勤则有材而见用，逸则无能而见弃。

（节录自同治九年十一月初四日书）

译文 第一条：慎独则心安。自我修养，没有比养心更难的。心里已经知道有善有恶，却不能实实在在地存善去恶，这就是欺骗自己。在小事上有没有自欺，别人不知道，自己心里却很清楚。所以能够慎独，则自我反省不会感到内疚，可以无愧于天地鬼神，肯定不会有行为不合于心意而导致不安。人若没有一件内心感到羞愧的事，心里就会泰然，常常感到愉快、平和，这是人生自强的首要之道，寻乐的最好方法，守身的首要之务。

第二条：主观上对人对事对物态度恭恭敬敬就能使身心强健。内心专一宁静、浑然一体，外表衣着整齐、态度严谨，这是对人对事对物态度恭恭敬敬的方法；一出门就像要去拜访一个尊贵的客人，就像普通老百姓在祭祀祖先时所表现出来的那种恭恭敬敬的样子，这是对人对事对物态度恭恭敬敬的气氛；想要凭借自己掌握的知识来安抚老百姓，必须做到一丝不苟、恭恭敬敬,老百姓才能信服,这是对人对事对物态度恭恭敬敬的效果。主观上对人对事对物态度庄重严谨、恭恭敬敬,就会一天比一天壮大自己,主观上对人对事对物态度傲慢无礼、肆意而为,就会一天比一天消亡自己。……如果能做到无论对一个人还是一群人、无论对小事情还是大事情都态度恭恭敬敬,不敢有一丝一毫松懈怠慢的意思,那么自己身体和内心的强健,还值得怀疑吗?

第三条:讲究仁爱就能使人心悦诚服。天底下人的生命,都是得到了天和地的机理才成就自我的性格,都是得到了天和地的气息才成就自我的形象。我(指曾国藩)和普通老百姓相比,对于生命生生不息的意义其实都是相同的。假如我(指曾国藩)只知道自私自利而不知道对老百姓讲究仁爱、对事物加倍爱惜,那么就是违背甚至抛弃了生命生生不息的意义。至于那些享有丰厚俸禄的大官,高高地位于众人之上,就应该承担起拯救老百姓于困境之时和拯救老百姓于饥饿之中的责任。读古书学习古人的思想,大概知道了古书中的意思,就应该有大力推行古书中自己已经领悟的古人正确思想的责任。孔子的儒家学派教育子弟,大都要求子弟要讲究仁爱,而讲究仁爱最根本的,就是要想成就自己首先就要成就他人,要想富贵自己首先就要富贵他人。已经成就事业者因自己的成功而无所畏惧,如同富人各种用物富裕,不需要向他人求借;已经顺达者通达无阻,如同显贵者登高一呼,四方响应。

第四条:努力工作、辛勤劳动就能使神明感到钦佩。普通人的性情,没有不好逸恶劳的;无论是富贵的贫贱的、聪明的愚笨的、老的少的,都贪图安逸害怕劳累,古今同理。一个人每一天所穿的衣服、所吃的食物,能做到与他每一天所做的事情、所用的力气相匹配的，就会得到旁人的认可和鬼神的赞许，这是因为他是在靠自己的本事吃饭。假如普通人家男人耕田女人织布，一年到头辛苦劳动，才有了几担谷和几匹布的收入；而富贵人家的老爷少爷却一年到头安逸淫乐，不做一件事情，而吃的都是山珍海味，穿的都是锦罗绸缎，喝醉了酒以后就像猪一样呼呼大睡，醒来后他一叫唤就有下人们对他唯唯诺诺，这是天底下最不公平的事情，难道富贵人家就可以长期这样安逸淫乐享福吗？

古代圣明的帝王和贤良的大臣……没有一人无时不刻不是把勤劳工作作为座右铭来勉励自己。……如果从个人安身立命的角度来说，就应该努力操练和学习技术本领，积极锻炼自己的休魄，感觉到自己知识太少时就加倍努力去学习知识，时时刻刻做到居安思危，这样才能够做到通过增长自己的学识来增长自己的才干；为天下人考虑，一定要使自己饥饿，自己陷于水火之中，把民贼强盗不被擒获视为自己的过失。大禹治水十三年三过家门而不入，墨子摩顶放踵以有利于天下，都是极俭朴以修身、极勤劳以救百姓的实例。所以勤劳能使人长寿，安逸能使人夭亡；勤勉则人尽其才，安逸则无能而被人抛弃。

感悟 曾国藩生前封侯拜相，满族荣华，死后没有留下什么财产田地、金银珍宝，留给子孙后代的，是一楼富厚的藏书、一道著名的遗嘱。他认真思考了很长一段时间，把自己一生所得归纳为四条，并将它端端正正地写下来，要儿子悬挂中堂，每日诵读，恪遵不易，并一代一代传下去。这就是上文的“慎独”“主敬”“求仁”“习劳”。

对于个人来说，慎独是个人修为的最高境界，就是一个人独处的时候不有小人之为！如果能做到这点，那么他的品行还有什么不能令人放心的呢？曾国藩常用此二字来砥砺自己的人生，还改号为涤生，大概是洗涤心灵，获得新生的意思，这样时时刻刻都能激励自己。从他的家书中，也能看出他在面对战功赫赫、日益骄横的下属和各种复杂的官场斗争中所表现出来的坚韧和隐忍精神，这恐怕很大程度上得益于他在慎独方面的艰苦努力，这也是他能成为一代中兴名臣的重要原因。古今中外，大概他是在这方面做得最为成功的了。

曾国藩慎独的手段是记日记，每天都对自己一天的言行进行检查、反思，对自己在修身方面进行检讨，像孔子弟子曾子所说一样："吾日三省吾身——为人谋而不忠乎？与朋友交而不信乎？传不习乎？"

道光二十二年，曾国藩在一天的日记里这样记载：昨天晚上做了一个梦，梦到别人得到一笔额外的好处，自己很羡慕。醒来之后对自己痛加指责，说自己好利之心如此严重，做梦居然梦到，这是不能容忍的。中午到朋友家吃饭，席间得知某人获得一项分外收入，心里又是羡慕。他在日记里写明，刚刚上午批判了自己，中午又犯了，真可谓"下流"。

天啦，此人对自己要求之严格真到了可怕的地步，不仅不能做，连想也不能想，也难怪不但蒋介石标榜过他，青年毛泽东也说过"吾于近人，独服曾文正"(《曾国藩家书·重印序言》)。啊，这就更不得了啦！曾文正四句话，后代没有出过一个败家子。牛啊！

"主敬则身强"。如何理解"主敬"呢？朱子也就是朱熹，南宋哲学家、教育家、文学家，他说凡做一件事，将全部精力集中到这事上头，一点不旁骛，便是敬。认定一件事去做。凡可以名为一件事的，其性质都是可敬，才能获得真正意义上的"成功"。这种敬既是对人，也是对事的态度。现在的小孩，这一点做得真不行。我们讲民主讲平等久了，学生都是直呼老师姓名的，甚至还有不好听的外号。过于随便、没大没小的孩子总是不招人待见的。

对我们的孩子来说，"敬"不仅应该是对人的态度，更应该是对学习的态度。学习应该聚精会神,心无旁骛。曾文正说:“坐这山,望那山,一事无成。”一个学生对自己的学习抱着随随便便的态度,一定会把事情做糟了,结果自己害自己。庄子说:“用志不分,乃凝于神。”孔子说:“素其位而行,不愿乎其外。”他们所说的敬业,不外这些道理。认真学习是一种学习态度,也是一种能力。有些孩子也想好好学习,但就是静不下心来。这个时候,我们要给孩子安静的环境,不要随意打扰;将任务和时间分成几段,完成一部分后,让孩子休息一会,休息过后注意力会更加集中。

第三条:讲究仁爱。“仁者爱人”“老吾老以及人之老,幼吾幼以及人之幼”说得都是要关爱他人的道理。现在城市里的孩子大部分条件都不错,他们只看到自己头上的一小块天空,同时长期受到父母家人的关爱,习惯了得到,很少想到感恩和回报。为了让孩子了解同一蓝天下贫困人群的生活,我们学校每年都要组织学生去进行爱心援助。

关爱社会弱势群体固然需要,但我认为更重要的是学会关心身边的人。小杨的父母离异,他的父亲带着他生活好几年了,但是他对学习一直不上心,上课时想听就听,不想听就睡一觉。班主任找他谈话,希望他能体谅父亲的辛劳。他却说:“我爸辛苦吗?我一点也不觉得。他有时在外面喝酒,让我自己到外面买东西吃。”父亲生意上需要应酬的辛苦,他完全不清楚。连自己的父母都不能心疼,怎么能爱其他人呢?我们真的不能对小皇帝、小公主太好了,让他们觉得一切都是理所当然的。创造机会让孩子为家长服务,体会一下照顾人的辛苦。

最后一点是勤劳。中国有句俗话,叫做“一勤天下无难事”。唐朝大文学家韩愈也曾经说过:“业精于勤。”商汤从天没亮就开始操劳,文王到太阳偏西时仍然没有闲暇,周公夜以继日、通宵达旦,无时无刻不以勤劳自勉。

人,有一种共性的弱点,无论古今中外,无论贵贱、智愚、老少,那就是发自内心深处地贪图安逸而害怕操劳。只是有的人把它说出来，有的人从行为上表现出来，有的人则把它埋藏在心底。小艺是个懒孩子，一走进教室，那个最乱的桌子就是他的。你督促他一下，他才收拾一下桌子。否则的话，桌子上的东西已经堆了两层了，他都能趴在上面写作业，写出来的字自然不敢恭维。除此而外，他的懒还表现在不愿意写作业。就算勉强写了，问答题他都是当填空题写的。怎么说呢？他的答案不是一句或几句完整的话，只是几个词语。懒得写也懒得想，不会的题目都放在那里，考试时自然也不会写。这学期，小艺的学习成绩江河日下，越来越差了。所以说，懒惰是学习最大的敌人。

曾国藩小时候资质平平，非但没有表现出超人的读书天赋，反而有点“笨”。据说，在他 14 岁的时候，一个冬夜，曾国藩正用功背古文。这时一个盗贼来他家偷东西，看到他在背书，就趴在房梁上等待，想等这小孩背会了这篇古文，睡觉了，他再下来“作案”。可是，曾国藩迟迟背不下来这篇古文。这个贼在房梁上听了大半夜，结果贼都把这篇古文背下来了，曾国藩还不会背。后来，曾国藩在家书中也说，自己小时候在同辈读书人中算是“愚陋之至”的。

那么，这个“愚陋之至”之人凭什么能成为后来的中兴大臣、儒学大师呢？无他，惟勤奋好学而已。古人云：“人一能之，己百之；人十能之，己千之。果能此道矣，虽愚必明，虽柔必强。”一个人有恒心，肯于付出坚持不懈的努力，这种勤奋好学的品质比所有励志招数都更管用。“大道至简”，这话一点都不差，可惜的是，现在的很多人都太聪明，不愿付出艰苦的努力，都想走捷径，结果是，自认为的捷径往往是“歪路”，是“岔路”。聪明反被聪明误，结果一事无成。

“慎独则心安”“主敬则身强”“求仁则人悦”“习劳则神钦”，曾国藩以此四条作为遗嘱教育子弟，并说“此四条为余数十年人世之得”，要求兄弟们“记之行之”，“传之于子子孙孙”，则曾家可“长盛不衰，代有人才”。

果然，曾氏一门，遵此遗嘱，人才辈出。

二十、可怕的课程表

主敬（整齐严肃，无时不惧。无事时心在腔子里，应事时专一不杂）。

静坐（每日不拘何时，静坐一会，体验静极生阳来复之仁心。正位凝命，如鼎之镇）。

早起（黎明即起，醒后勿沾恋）。

读书不二（一书未点完断不看他书。东翻西阅，都是徇外为人）。

读史（二十三史每日读十叶，虽有事不间断）。

写日记（须端楷。凡日间过恶，身过、心过、口过，皆记出。终身不间断）。

日知其所亡（每日记茶余偶谈一则。分德行门、学问门、经济门、艺术门）。

月无忘所能（每月作诗文数首，以验积理之多寡、养气之盛否）。

谨言（刻刻留心）。

养气（无不可对人言之事。气藏丹田）。

保身（谨遵大人手谕，节欲、节劳、节饮食）。

作字（早饭后作字。凡笔墨应酬，当作自己功课）。

夜不出门（旷功疲神，切戒切戒）！

（节录自道光二十二年十二月二十日致诸弟书）

译文 持神敬肃：衣冠外貌保持整齐，心思神情端正严肃，时时刻刻都要警惕、检查自己是否出现了闲杂或不良的念头。平时闲居无事时，要宁静安泰，不要想身体以外的事情，一旦投入工作，就必须做到专心致志，不存杂念。

静坐：每天不限任何时间，必须静坐一小时以上，体验圣人所教诲的仁心，使思虑不出本位，以使性命凝结，就像宝鼎一样镇定而不可动摇。

起床要早：天色刚亮就赶紧起身，醒了以后一定不要再留恋安逸。

读书要专一：一本书还没有读完，一定不要去看其他的书籍。东翻西阅地随意读书，不过就是一个只是求索心外之理的人。

攻读史书：二十三史每天都读十页，即使有事也不间断。

写日记：需要用端正的小楷。凡是白天做过的错事、动过的坏念头、说错的话都要记上。终身不间断。

每天都能知道所未知的：每天读书，都要写心得体会一篇。分为德行、学问、经济、艺术等门类。

每月都能有机会复习已经学过的知识和本领：每个月必

须做诗歌或短文数首，用来检验所学理论是多还是少，所培养真气是否充盛。

说话谨慎：对此要时时刻刻细心留意。

培养自己的真气：任何所作所想都能够说得出口，只有这样，才能将真气存蓄于丹田之中。

保持身体健康：遵循家父手谕，节制欲望，节制操劳，节制饮食。

习练书法：早饭后必须练习书法。而且，所有文字方面的应酬，都可以作为练习书法的机会。

夜晚不出家门：出门应酬玩乐，会使人荒废修养功夫，会使精气耗损、神情疲惫。所以，这种不良习气必须彻底戒除！

感悟 曾经有一次，笔者的学生因不会背《岳阳楼记》被批评，突然冒出一句话："古代人真幸福！"还解释道："他们只要学语文，不用学数理化，也不用学英语。如果我生在古代，也能把古文都背得滚瓜烂熟。"笔者笑着把曾国藩给诸弟列的课程表给他看，他睁大了眼睛，倒吸了一口凉气："这么多呀，妈呀，不如把我杀了吧！"他摸摸头，一溜烟地跑回教室背书去了。

就是这份让人害怕的课程表。

在曾大人的这份课程表中，德育最重要，课程设置丰富：主敬、谨言。这个比较虚，怎样落到实处呢？曾大人规定了两种形式：静坐和记日记。每天静坐一小时，不打折扣；写日记，需要用端正的小楷。凡是白天做过的错事、动过的坏念头、说错的话都要记上。终身不间断。妈呀！如果这样的作业老师要检查，不是完全没有个人隐私了嘛！还不能说假话，这不就变成卢梭的《忏悔录》了！

知识性课程不算多：读书，这个应该算语文，读的应该是经史子集之类的文章。一本读完再换另一本，不允许小猴掰玉米一样，走马观花。读史书，这个算历史。作字，这个是书法艺术。为了达到学有所获，要求每天写读书笔记（日知其所亡。每日记茶余偶谈一则),每月有测试(月无忘所能。每月作诗文数首,以验积理之多寡、养气之盛否)。既有每天的书面作业,还有月考,这个老师,想得真够仔细,和现在的教学管理一样先进嘛!

还有行为习惯的培养:早起,夜不出门。好的习惯成就好的人生嘛!曾国藩在写给曾国荃的家书中告诫弟弟“要想去掉‘惰’字,以早起床为第一要义”。大部分人并不会把“早起”视作多大的事情,往往随性而“起”,想起才起。但就是这样“看似无关紧要的生活小节”,曾国藩却把它当成自己修身养性、锻炼意志的头等大事,并断言:“勤字工夫,第一贵早起,第二贵有恒。”为了改掉晚起的毛病,曾国藩在日记中将早起列为修身养性的“八本”之一,还特意写信让弟弟监督自己。此后,曾国藩不仅每天坚持早起,即使在率湘军与太平军作战的十余年间,仍然坚持每天写日记,读书数页,下围棋一局,终生如此,其“勤”与“谦”绝非寻常人可比。由此可见,这样看似不起眼的生活小节,却磨练出曾国藩过人的“勤”和“谦”,最终助其成就一生事业,名留青史。

最后是保持身体健康。不太像现在的体育课,没有跑步、打球、仰卧起坐、引体向上,讲究的是养气和保身,有点像家庭保健。

我们不研究曾大人的养生之道,他的身体一直不大好,也不知是天生体质弱还是操劳太过、后天保养不好,抑或是当时医疗水平太差,我们不讨论,现只看前三项。

曾大人的第一项课程是德育课。这个主敬前面讲过,这次再讲,说明重要。要严肃认真不要嘻笑哄闹,这个在今时今日尤为重要,现在的孩子也太活泼了,屁股上像长了刺一样,总是坐不住。好不容易安静下来,遇到一点风吹草动或者能让他联想到好玩的事情的就能闹半天。初一上《木兰诗》、初二上《陋室铭》都热闹得不行,木兰的巾帼女英雄形象和刘禹锡安贫乐道的高洁情怀,估计也没几个人能体会得到。

对那些个屁股长“刺”的孩子,用“静坐”来教育过他们多半管用。文子和晓航上课时总是不专心,老师针对他们的情况使出了杀手锏:静坐。什么也不让干,就端坐在椅子上,两腿并拢,两手放在两腿上,屁股只坐椅子的前三分之一,像军训教官要求坐军姿一样。你看那两个人浑身不舒服的样子,不到三分钟就坚持不住了,哭笑不得地向老师汇报错误。你别说,五分钟思考还真管用,什么不好好学习、破坏纪律啦!和同学打闹让老师生气啦!说了好几点。“说得好!再坐五分钟,想想怎样改掉这些毛病。”“五分钟如果想不出来就想十分钟,一定要想出自我管理的办法。”见老师来真格的了,他们也不敢再耍滑头,还真想出了一些改进措施。最能表明改错决心的是:下次再犯错误,静坐半小时!

亲爱的家长,你觉得这种方法怎么样?曾大人用它都成“完人”了,我们也能让自己调皮捣蛋的孩子安静专心一点吧!

第二项,知识型课程。这一点提示我们家长的是:语文很重要。这样说不是因为我是语文老师。你看古代的读书人,书读好了,天文地理无所不知,既懂治国之策又会经济学问,行军打仗也不在话下。就说毛润之吧,数学学得一塌糊涂,英语一窍不通,有空就翻翻语文啊、历史啊,顺带着写诗弄文,愣是带领大家建立了新中国,当了个国家主席!这么说你服不服气?也许你要说,不行啊,中考高考数学英语拉分啊。唉,我们都是可怜的家长,我也能理解你送孩子补习数学英语的心情。但是,咱们一定要心里有数。参加完高考,大学毕业走上社会,你说,除了你的专业知识之外,什么用得多?当然是语文。出门旅游,语文、历史、地理都用得上。我们一帮老师集体旅游,最无趣的就是数学英语老师了。当然,爱读书思考的除外。

第三项,行为习惯的培养。“习惯形成性格,性格决定命运”是一句广为流传的名言。巴金也说“孩子成功教育从好习惯培养开始”。各位家长可要重视了,这一点在孩子小时候特别重要。首先是生活习惯,早起早睡、铺床叠被、饭前便后洗手、自己的东西自己收拾,这些习惯你可别小瞧,它会影响孩子的一生!前面讲到的那个小艺就是父母宠爱再加上家里有几个保姆,什么也不做,最终养成了懒的习惯。到了小学阶段最主要的是学习习惯。我认为以下几点比较重要：

制定作息时间表，安排好学习和生活。作息时间表，其实就是给孩子订生活、学习规矩，即什么时候学习，什么时候玩，什么时候休息。因为爱玩是孩子的天性，我们不能剥夺孩子玩的权利。孩子不玩痛快，学习时就不会集中思想，也不会精力充沛。比如，笔者一位朋友的孩子，因为从小养成了什么时候学习，什么时候玩的习惯，到了学习时间，他会比较自觉地坐在自己的书桌上开始看书做作业了。等到孩子大一些，可以要求他给自己制定作息时间表，家长审核一下即可，不要过分计较细节，周末时间如果你想让他十点半睡，他定在十一点也未尝不可。

培养孩子专心的习惯。孩子学习和做作业是否专心认真，其实跟做父母的有很大的关系。现在有些父母这边要求孩子要用心做作业，而那边电话聊个不停，或者自己抱个 ipad 津津有味地看小说或韩剧。这样，孩子能静下心来学习吗？当然不能！家长要给孩子创造一个安静宽松的家庭学习环境。平时在家里，孩子做作业的时候，家长不要对孩子过度关心，问孩子肚子饿不饿呀，冷不冷啊，也不要陪着孩子做作业或叫孩子帮忙做事，让孩子安安静静地做作业，使孩子能集中思想。这样孩子的专心学习的习惯也就逐渐养成了。

培养做作业时独立思考的能力。古人说："授人以鱼，不如授之以渔。"意思是给人鱼吃，不如告诉人打鱼的技术。培养孩子也是这个道理。孩子自己的作业要做到按时独立地完成，除非碰到实在不会做的题目。如果孩子向你求助，你也只需要帮他理清思路，启发孩子多思考几种可能性，千万不要告诉他答案，迫使他养成独立思考的好习惯。

最后，要培养孩子做完作业检查、整理学习用品并收拾好书包的习惯。

孩子做完作业后，例如数学，要求孩子看一看计算是否准确，单位换算是否搞错,应用题的算式列得可对,训练孩子自己去发现问题,然后去订正过来;作文写好后要自己读一遍,看语句是否通顺,不顺的地方改过来。最后整理好书桌并收拾好学习用品。如果将书本落在家里了,决不帮他送,让孩子学会对自己的所作所为负责。最多几次,他就会自己检查了。

"与其给孩子金山、银山,不如给孩子好习惯"。好习惯可以使孩子终生受益。到了初中阶段,最主要的是学习方法;高中阶段最主要是学习意志与能力,这个与此文无关,不再赘述。

二十一、成就美丽人生

盖士人读书，第一要有志，第二要有识，第三要有恒。有志则断不甘为下流；有识则知学问无尽，不敢以一得自足，如河伯之观海，如井蛙之窥天，皆无识者也；有恒则断无不成之事。此三者，缺一不可。

（节录自同治二年十二月十四日谕纪瑞书）

译文 士人读书，第一要有志向，第二要有见识，第三要有恒心。有志向则自己不甘心为下流；有见识则知道学无止境，不敢稍有心得就自满自足。像河伯观海、井蛙窥天，都是没有见识的人；有恒心就肯定没有办不成的事情。这三点，缺一样都不行。

感悟 人生最美丽的三样礼物，乃是金钱、权力及学问，其中以学问最为可贵。曾国藩一生时刻不忘读书，他认为读书要有志气、见识、恒心。所谓“志”就是奋发的决心，“识”是远大的眼光，“恒”是坚强的毅力。

在家书中，曾国藩告诫诸位兄弟，要想有见识的目标不是一下能达到的，至于有志向、有恒心则是你们自己的事。在曾国藩看来，一个人如果没有志向，就不可能有明确的目标。因为志向是人前进的动力。事实的确如此,鲁迅定下了“我以我血荐轩辕”的爱国之志,才有了“弃医从文”的壮举。鲁迅先生用文字来拯救国民精神的志向也不是一下子就确定的,由此可见,一个人的志向并不是天生的,而是在后天生活中建立的,特别是在对生活的不满中建立的。传说孔子就是不满社会频发的盗窃、抢劫案件,希望建立一个“大同社会”。

前不久,初二(3)班开了《生活因我而精彩》的班会,班会上有“欣赏自己——明日精彩”这样一个环节:有些同学平常学习成绩不是太好,各方面能力也不是很强,因此感到自己一无是处。请每个人给自己写一张彩虹卡,写出自己的优点,找一找自己擅长的方向,想一想“我明日的精彩在哪里?”许诺给自己一个精彩的未来。然后老师投影显示彩虹卡。

小艺的志向是“成为居家好男人”,读到他的彩虹卡时,大家哄堂大笑。他们并不是瞧不起这个理想,而是觉得懒惰的小艺桌子都不收拾,想成为居家好男人太滑稽了,另外这也太笼统了。很明显,这个问题之前他没有好好想过。

其实,对初中的孩子来说,有了明确的理想固然是好事。学生小希基于对英语的浓厚兴趣和超强的英语学习能力,在初一时就立志要做个外交官。确立了志向的她,除了认真学习所有功课外,常常去培训班上新概念、雅思等课程,还不时有“英语风采大赛”等获奖的好成绩。中考后,她直接进入了一所知名学校的国际部,她爸爸支持她,说这样可以更好地实现她的理想,没有必要再进普高跟数理化苦拼。

没有理想也没有关系。关键是要走在寻找理想的路上。一时没找到也没关系,那就给自己定一个目标吧!目标也可带领孩子一步步前行,直到找到自己的理想。班会课的最后,班主任这样激励学生们:“阿基米德说:如果给我一个支点,我可以撬动地球。我想说,给心灵一个支点,你能改变世界。这个支点就是理想。你的理想是什么?你明日的精彩在哪里?也许回答这个问题有点难。

不能马上给出答案没有关系，但请你一定要思考、寻找，明确自己的优势所在。世上没有完全相同的两片叶子，每个人都是独特的个体，都是有价值的个体。实现你的人生价值，让生活因我而精彩！这不是口号！找准目标、立即行动，它会是你的人生故事。我期待着！二十年后，我要听到你的人生故事。请主持人在黑板上写上二十年后的时间。哪些同学有信心把你的故事讲给我听？我们击掌为誓。”

除了“有志”，学习还要“有恒”。曾国藩总是教诲子弟要身体力行、以身作则。他在给弟弟的家书中写道：“学问之道无穷，而总以有恒为主。兄往年极无恒，近年略好，而犹未纯熟，自七月初一起，至今则无一日间断。每日临帖百字，抄书百字，看书少亦须满二十页，多则不论。”“虽极忙，亦须了本日功课，不以昨日耽搁而今日补做，不以明日有事而今日预做。诸弟若能有恒如此，则虽四弟中等之资，亦当有所成就，况大弟、九弟上等之资乎？”言语恳切，殷殷期望之情跃然纸上。正是因为有恒心、有毅力，曾国藩才能够成就“三不朽”的传说，立功（完成大事业）、立德（成为世人的精神楷模）、立言（为后人留下学说）。实现了儒家修身、齐家、治国、平天下之人生使命，被称为“中华千古第一完人”。

学贵有恒，古人的精彩言论比比皆是。荀子的《劝学》中有：“锲而舍之，朽木不折；锲而不舍，金石可镂。”“骐骥一跃，不能十步；驽马十驾，功在不舍。”毛泽东也说：“贵有恒，何须三更起五更眠；最无益，只怕一日曝十日寒。”

现实生活中这样的例子也很多。小琪是初中从连云港到南京来求学的，基础并不好，反应也不快。初一时语文成绩只有70分左右，但她一直学得很认真，每次答题都会把试卷写得满满的。有时，她虽然答了很多，一个点都没答到，再看小李只有两句就得满分，都替她抱屈：老天生人怎么这么不公平呢？拿到语文试卷时，她也会郁闷一会，可是到了第二天她又开始聚精会神地听课，积极踊跃地回答问题了，也不在意答错时其他同学的不屑。这种状况一直持续到初三第一学期，突然间她就明白了老师一遍遍讲过的答题技巧和方法，学会去繁就简，直指中心了。第一次语文成绩上了 80 分！顿悟的结果就是一通百通，她的语文成绩进步飞快，后来的模拟考试和中考一直稳定在 105 分左右。

小琪在学习中表现出来的恒心和“不怨天不尤人”的心态令人感佩。其实，学习虽为智力活动，但 95％的孩子智力结构没有多少差别，2.5％的略高，2.5％的略低。只要是正常智力范围内的孩子，只要你和小琪一样有恒心，坚持下来，早晚会等到“柳暗花明又一村”的。那时，你得到的喜悦远比那些天才孩子要多得多。

如果学习能“有志”“有恒”，终有一天溪流汇成大海，你的孩子将成就美丽人生。

二十二、读书不要走马观花

无论何书，总须从首至尾通看一遍。不然，乱翻几叶，摘抄几篇，而此书之大局精处茫然不知也。

（节录自道光二十三年六月初六日致温弟书）

译文 无论什么书，总须从头到尾通看一遍。不然，乱翻几页，摘抄几篇，而茫然不知这本书的大局所在和精妙之处。

感悟 曾国藩在这封家书里告诫他弟弟的其实就是读书要静下心来、不可敷衍了事；要持之以恒，不可走马观花。

今天的孩子，由于生活环境的复杂多变，学习的心境似乎也变得日渐浮躁，书桌旁，琳琅满目的零食、好玩的手机、精彩的网络游戏……若想静下心来，心无旁骛地读书，真的已经不是那么容易的事了。

我常想，我国五千年灿烂的文化大多是靠书籍、靠文字记载传承下来的，书籍中蕴含着太多的人类的智慧。古代每每会出现爱书如命的君子，也不乏命可断，书不可不存的高洁之士。书籍自有它固有的魅力，吸引着古今中外的饱学之士。对我们的孩子来说，静下心来读些书是必需的。QQ 也不是不可以聊，游戏也可以玩，毕竟，大家都是凡人。问题是，任何时候都不可忘记，我们每个人面临生存的压力，要想将来有所作为，就要进行前期必要的知识储备，而在校园时则是读书的最好时光，因此，首先要静下心来读书。除了正常的吃饭、睡觉、锻炼等，可以把剩下的时间都用来读书。静，也意味着要耐得住寂寞，尽管很苦，但当你收获的那一天，就会是另一种心情。静不下心来读书的孩子才会读不进去，才会百无聊赖，随手乱翻，扔到一边。

如果能静下心读书，自然会品出书的韵味，就容易做到仔仔细细、从头到尾地读，充分体会到书的精妙之处。中国是一个讲求意境的国度。创作需要意境，而读书则更需要意境。王世发先生提出的读书三种境界是："孤舟蓑笠翁，独钓寒江雪。"此为第一境，说的是读书要静下心来，这是一种"板凳甘坐十年冷"的读书境界。"采菊东篱下，悠然见南山。"此为第二境，即读书不仅要坐下来，还要能读进去。读进去了，就会沉醉其中，废寝忘食，人与书就会融为一体。这是一种"物我为一"的读书境界。"会当凌绝顶，一览众山小。"此为第三境，即当你读到一定的程度，你就会高屋建瓴，对事物的认识就会更深更透，你的心胸就会豁达、宽阔，显示一种博大的胸怀和宏伟的气魄。这是一种超越自己、超然物外的至上境界。

当然，贯穿此三境的，除了静心还有恒心。有了恒心，愚公能移山；有了恒心，铁杵磨成针；有了恒心，就不怕有什么事是做不成的。

司马迁作为一名史官在我国的历史上是举足轻重的，他编写的《史记》更是被后人誉为"史家之绝唱，无韵之离骚"。他编写《史记》的经过也是曲折坎坷的。司马迁从 20 岁开始便走访各地，搜集历史史料，后来他子承父业入朝为官，可却因为帮降将李陵辩护被打入监牢，受到宫刑这样的残酷刑罚。但他却没有因此放弃编写《史记》，他想到：从前周文王被关在羑里，写了一部《周易》；孔子周游列国的路上被困在陈蔡，后来编了一部《春秋》；屈原遭到放逐，写了《离骚》;左丘明眼睛瞎了,写了《国语》;孙膑被剜掉膝盖骨,写了《兵法》。既然古人都能够忍辱负重,持之以恒,为什么我不能呢?于是他靠着这种信念,持之以恒,日复一日,最终在狱中完成了《史记》。

古人在编书上是那么的尽心尽力,持之以恒,那我们这些看书的人更不能走马观花,看书半途而废了。

清代文史学家乌尔济·法式善,曾与纪晓岚一起修撰《四库全书》。他有一首《读书》诗,"读书如树木,不可求骤长"。这两句文字浅显,说明的道理却非常深刻。它以种植树木为喻,说明读书要持之以恒。种植树木,必须遵循树木生长的自然规律,不能期望它在一天之间长成参天大树。一棵小树,每天沐浴阳光雨露,吸收天地精华,日复一日,年复一年,才能枝繁叶茂,高可凌云。读书就像树木生长一样,要循序渐进,不要急于求成。读书不必追求一次读完多少本书,重要的是读书要有合理的计划。制订了计划,就要认真执行,绝不能三天打鱼,两天晒网。读书学习只有甘于寂寞,不怕孤独,日积月累,持之以恒,必然渐入佳境。

在爱迪生发明灯泡的时候,他失败了上千次,用过所有能想到的灯芯材料才实验成功。可以试想,如果爱迪生放弃了,现在可能我们还要点只有豆粒般大小的油灯在夜里照明。其实爱迪生的每次试验失败都可以看做是挫折。这么一算,爱迪生发明电灯就遇上了上千次的挫折,这是一个多么惊人的数目啊!

由此可见,做事有始有终,学习持之以恒是多么的重要。连"诗仙"都是在持之以恒中才成功的,何况我们这些资质平庸的普通人呢。司汤达曾经说过:"一个人只要强烈地坚持不懈地追求,他就能达到目的。"的确,持之以恒就没有什么事是做不成的,那些成功者无一不是孜孜不倦,坚持不懈,不达目的誓不罢休的人。而那些朝三暮四的人终究会碌碌无为,就算有所天赋最终也只会"伤仲永"罢了。

贵有恒,何必三更起五更眠;最无益,只怕一日曝十日寒。

二十三、占小便宜吃大亏

兄自庚子到京以来，于今八年，不肯轻受人惠，情愿人占的便益，断不肯我占人的便益。

（节录自道光二十七年六月二十七日致诸弟书）

译文 我自庚子年到京城以来，至今八年，不肯轻易得人好处，情愿让人占我的便宜，也不肯我占他人便宜。

感悟 人在生活中，不可能遇事皆公平公正，往往会有人占便宜，有人吃亏。在大多数人眼中，吃亏是愚蠢、软弱的表现，人们也往往抱着先下手为强，能捞一些是一些的想法行事处事，但结果常是得不偿失。所以古语说"吃亏是福"。

占小便宜就要吃大亏，其实古人早就懂这个道理。公元前一世纪的《五卷书》中就有一篇题为"豺狼舔血"的寓言说明了这个道理。话说从前，羊群中有两只公羊不知为什么打起来了，它们双方都用犄角拼命顶撞，地上流了不少血。一只豺狼走过来，高兴地想，这下可以吃羊肉了。它跑到两只羊中间，见地上有血，就想，先舔点血再吃肉。这时，两只羊再撞到一起，这只豺狼只顾舔血，没来得及躲开，被羊顶死了。作者的评论是："为了眼前的一点利益，却拿生命作为代价，这样的人还少吗？"

别看过了两千多年了，像这样因小失大的人真还不少。前两年南京的冠生园为了节约成本，居然用上一年未卖出的月饼的馅来做当年的新月饼，结果为舔这点血，送命了——破产了。金华火腿大名鼎鼎，但却图快用对人体有害的化学药品加工；山西老陈醋历史悠久，但却为降低成本加工业醋精等等。看来只图舔血的豺狼真是遍地了，当然，这些舔血者最后的下场不会比那只两千年前的豺狼好。

这让人想起了许多成功企业的做法。同仁堂是百年老店，当年药师曾用白参代替红参做丹参丸，这还不算伪劣，因为白参与红参效用接近，只是白参便宜，药效差一点。老板知道此事，坚决把用白参做的丹参丸全部烧毁。这点亏吃的可不小，但使同仁堂的名声响遍天下，以后便宜可占多了。与同仁堂同时建立的药店用白参代替红参丸结果全垮台了，就像那只豺狼一样，为点血送了命。再看现在的例子。当年海尔对略微达不到标准的冰箱全部毁掉，也有人为这点“血”可惜，建议把这些冰箱降价出售或处理给职工，损失小一点。总裁张瑞敏坚决不占这点小便宜。结果其他冰箱厂垮了，只有海尔不仅在国内独领风骚，还走向世界。这便宜可占大了，真是“吃小亏占大便宜”。

当然，我们说“吃小亏占大便宜”不是一种简单的成本——收益计算，或者说吃亏的目的并不是为了占便宜。只有从不为占大便宜的目的出发去吃小亏，大便宜才会自然而然地来到。

据说有个砂石老板，没有文化，也绝对没有背景，但生意却出奇的好，而且历经多年，长盛不衰。说起来他的秘诀也很简单，就是与每个合作者分利的时候，他都只拿小头，把大头让给对方。如此一来，凡是与他合作过一次的人，都愿意与他继续合作，而且还会介绍一些朋友，再扩大到朋友的朋友，也都成了他的客户。人人都说他好，因为他只拿小头，但所有人的小头集中起来，就成了最大的大头，他才是真正的赢家。正如《老子》中说的“祸兮福之所倚”，砂石老板是损失了眼前的财富，遭了“小祸”，但“小祸”带来的却是“大福”，给老板带来了源源不断的客户和财富。

在做生意上是这样，在学校里何尝不是这样呢？在选举班委时，那些平常为了一些蝇头小利斤斤计较的、爱占小便宜的学生从来都没有被选上的可能；而那些平常大方、不计较的学生都是热门的候选者。因为占了你便宜的人都会对你心存感谢，对你施以报答；而被你占了便宜的人则会对你心存怨恨。

由此可见，在生活中吃吃小亏并不是真的失去了什么，反而是为你在攒着福气呢。满足于眼前的利益的人很可能会失去更好的机会，而不贪图小利、愿意吃亏的人反而能得到长远的利益。

“拿人手短，吃人嘴软”。占小便宜只能带来一时的快感，而后果却是无穷无尽，难以估量的。那么多的官员就是因为收受了别人的贿赂而锒铛入狱，而那些害人的豆腐渣工程也是因为有贪腐之人的存在而蒙混过关，坑害社会。爱占他人便宜不仅仅是一种不良的行为，严重了说，这也是一种道德品质的败坏，而这种习惯一旦养成，那造成的后果将是十分可怕的。像《欧也妮葛朗台》中的葛朗台，精于算计的他虽然获得了巨大的财富，但是他却丧失了人的情感，异化成一个只知道吞噬金币的“巨蟒”，并给自己的家庭和女儿带来了沉重的苦难。

想必所有的人都不想成为别人嘴中的爱占小便宜者，更不希望成为一个遭人唾弃和给家人带来苦难的人。所有人也都希望在别人的口中被称道、被夸赞，并有所作为。那么，请你不要轻易地接受他人好处，更不能占他人便宜；而要待人大方，宁愿自己吃亏也不让他人吃亏。这样才能给别人留下一个好印象，增加自己成功的可能。

人生的快乐的关键在于给予，给予往往伴随着吃亏，但我们不惧怕吃亏，因为吃亏是福。《百喻经》是佛家经典，佛家是教人为善的。无论未来有没有“大便宜”，为善而吃小亏都是做人的本分，不求回报，只求对得起良心。善哉，善哉！

二十四、做人要低调

回首生年五十余，除学问未成，尚有遗憾外，余差可免于大戾。贤弟教训后辈子弟，总当以勤苦为体，谦逊为用，以药骄佚之积习，余无他嘱。

（节录自咸丰十年十月二十日致季沅弟书）

译文 回忆自出生以来五十多年，除了学问没有完成，还有点遗憾外，其余都可以免于大错。贤弟教训后辈子弟，总应当以勤苦为大政方针，以谦逊为实用方法，以此来医治骄奢淫逸这些坏习惯，其余没有什么嘱托的了。

感悟 这不是曾国藩第一次在教育子女时提出要勤苦谦逊了，可见勤苦谦逊对于一个人是多么的重要，家长在教育子女时定要让他们牢牢记住并养成勤苦谦逊的习惯。勤劳简朴的道理前面已经屡次讲过，这里我们专讲谦逊。

常言道“木秀于林，风必摧之”，“人外有人，天外有天”，所以我们谦逊、低调做人。低调才能得到他人的赏识和帮助。

汉代开国谋臣张良就是一个十分谦逊的人。一次，他走在路上，一位老人当着他的面将鞋子扔到桥下并让他去捡。张良看他年纪大，就忍了忍，捡了鞋子并帮他穿上。老人便对他说：“你这个年轻人有出息，我可以将本事传给你，五日后来这见我。”五日后，张良到了，老人已经在那儿，老人怒道：“和老年人相约，还晚到，为什么？五日后再见吧。”五日后，张良早早到了，但还是晚老人一步，老人依旧那样说。又过了五日，张良半夜就赶到。那位老人说自己是黄石公，并给了张良一部《太公兵法》。张良反复研读了这本兵法，在后来为刘邦打天下时起到了很大帮助。

就是因为这种谦逊的态度，张良才被黄石老人所赏识，才有了机会去阅读兵法，最终成为了一代谋臣，为汉朝开疆扩土，位列三公。倘若是普通人，估计早在老人让其捡鞋的那一刻就发怒离开，哪来阅读兵书的机会？

在生活中，受到领导赏识、提拔的往往是那些谦逊低调的人，而那些锋芒毕露、自视甚高的人往往是领导“打压”的对象。人们都喜欢谦虚的人，因为和谦虚的人相处会让人感到愉快，而那些高傲者则会让人心生反感，不提拔重用你也在情理之中。“如果你那么有本事还需要我来提拔吗？你那么有本事威胁到了我怎么办？”这都是上位者会思考的问题。

所以说，为人要谦逊，不要自以为是，觉得别人都不如自己，有时候态度和能力是同样重要的。

有这样一个笑话，一个博士生毕业后被分配到了一家单位，单位里的同事一个是本科生，一个是硕士生。一天三人在单位的池塘里钓鱼，突然硕士生同事从水面上走了过去，接着本科生同事也从水面上走了过去。博士生看呆了，想：一个本科生都能从水面上走过去，我怎么可能不行？于是，他便迈出了步子，“扑通”一声就掉进了水里。原来池塘的水里有石柱，只有新来的博士不知道。

这不仅仅是个笑话，也告诉我们不要自视过高，不要因为学历高于别人就觉得什么地方都比别人强。因为有时候一些经验是在学校里学不到的，刚毕业的学生在社会中就是初学者，你需要多看多问，以一种谦逊的态度和别人交流相处。这样，你才不会闹和那个博士生一样的笑话。

在我看来，真正有本事的人基本上都是谦逊的人。牛顿曾经说过一句耳熟能详的名言：“如果我看得更远的话，那是因为我站在巨人的肩膀上。”而那些高不成、低不就的人才会在人们的眼前蹦跶，以获得存在感。俗话说“满瓶不动半瓶摇”，当你真正做到了谦逊做人，才有可能成为那“满瓶”，不然只能做一个跳梁小丑，摇来摇去。

谦虚使人进步，骄傲使人落后。这是再浅显不过的道理了，但真正做到又谈何容易，所以曾国藩才一遍一遍地在家书中对后辈叮嘱。“满招损，谦受益”。亲爱的家长，希望你能谦虚地接受这个建议并教育孩子低调做人。

低调做人不仅是一种境界、一种风范，更是一种哲学。绝大多数成功者都或多或少受到过这一哲学思想的启示。有位著名的商界巨贾曾给自己的儿子开出了一条训词：树大招风，低调做人。可见，低调做人不仅是普通人的处世圣经，更是成功者的做人训诫。

“水唯能下方成海，山不矜高自及天”。水有形却是无状，谁也说不清水是圆是方。它永远不占据高位，宁愿自居下流而以博大的胸襟包容一切，但水的力量之大，却可以惊天骇浪。立身处世的至高境界就要如水一般，“上善若水”，要有海纳百川的胸襟和气度，这就是低姿态做人，高标准做事的哲学准则。

低调做人吧！诗人鲁藜说得好：“把自己当作泥土吧！总是把自己当作珍珠，就有时有被埋没的痛苦。”

二十五、温室里长不出参天大树

余在外无他虑，总怕子侄习于骄、奢、佚三字。家败离不得个“奢”字，人败离不得个“佚”字，讨人嫌离不得个“骄”字。弟切戒之。

（节录自咸丰十年十月二十四日致四弟澄侯书）

译文 我在外面没有其他顾虑，只怕子侄习惯于骄、奢、佚三字。家庭败落离不开一个“奢”字，个人失败离不开一个“佚”字，讨人嫌离不开一个“骄”字。弟弟要切实引为警戒。

感悟 “家败离不得个‘奢’字，人败离不得个‘佚’字，讨人嫌离不得个‘骄’字。”即使在军务紧急的时候，曾国藩给弟弟的信中，也不忘再三嘱咐。

“凡天下官宦之家，多只一代享用便尽。其子孙始而骄逸，继而流荡，终而沟壑，能庆延一二代者鲜矣。商贾之家，勤俭者能延三四代。耕读之家，谨朴者能延五六代。孝友之家，则可以绵延十代八代。”在另一封家书中，家败因奢故的道理已经阐述得很清楚了。下面我们只讲个人因安逸而失败和因骄傲而讨人嫌的道理。

人们常用温室里的花朵来比喻在过分安逸的环境中成长的人。笔者喜欢用温室里的树苗比喻班上的学生。没有阳光的照耀，没有雨露的滋润，也没有经历风吹雨打，怎么会长成参天大树呢？我们都有这样的经验，去花卉市场买花，开得很好的花回到家里没几天就凋谢了，甚至整株都死了。究其原因，都是因为它已经适应了大棚里恒温恒湿的环境，一旦离开就活不了。我们的孩子呢？如果父母一味溺爱，又怎能长成参天大树？等到必须离开我们的时候，没有独立生活能力的他们，又会怎样呢？

小佳是个漂亮的孩子，家里的条件也好得没话说。父母视孩子为中心，有求必应，竭力为孩子提供一个舒适安逸的生活环境。爷爷奶奶辈的亲戚还特别多，都很疼爱她。她呢，平时出门都是父母或司机接送。那一次学校远足，15公里吧，只走了一小半，她就走不动了，说脚上磨出了两个大泡。怎么办？此时，正好路过公交站，我就说，“你自己坐公交到学校吧！”她说不敢，自己从来没坐过公交车。结果她打电话让她爸来接，而且要求最好有人陪。小慧自告奋勇陪她，说自己总是一个人乘车到学校，在这等家长根本没问题。这个小慧的爸爸在外地工作，妈妈工作忙，什么事总让她自己去，她也就锻炼得像个大姐大了。

娇生惯养的孩子在学习上也吃不得苦。小佳这孩子倒也有上进心，每次考试没考好都会难过，然后努力几天，可是很快就不行了。她常常上课走神，作业写得敷衍了事，而且一到考试就紧张得肚子疼。最后初三毕业了，都没考上普高。

小慧呢，像是野生的花朵，自自然然、朴朴实实的，在风雨中成长，小小年纪就能跟旅行社去埃及。她跑起步来速度特别快，总是充满激情和能量的样子，初一、初二时成绩还不特别冒尖，到了初三拼起来成绩噌噌地往上窜，竟然考进了南外！

这样一个班级的两个孩子，智力上真没有什么区别，小佳的口才还更好些。可以说，小佳的发展受限主要是非智力因素，安逸的家庭环境让她缺乏抗风雨的能力，父母对她要求的一味满足也让她缺少奋斗的动力。

“忧劳可以兴国，逸豫可以亡身”，这句话是宋代大文学家欧阳修在总结唐庄宗既得天下，后又失天下的原因时所说。这位文豪指出，唐庄宗是因为他的艰苦奋斗、发愤图强而成功，他的失败又是由于他居功自傲、贪图享乐。可见，忧劳与逸豫对一个人，乃至一个国家、社稷是多么的重要。俗话说得好："不经历风雨，怎能见彩虹？"若父母一味满足孩子的物质欲望，让他缺乏奋斗的动力，怎么能指望他枝繁叶茂，长成参天大树呢？

其实，顺境才是最大的敌人。我们常常看到战胜逆境的强者的例子，像什么卧薪尝胆的勾践、身残志坚的张海迪啊，却忽视了安逸的环境最能消磨人的意志，让人像青蛙一样在温水中死亡。我们常常叹息现在的孩子体质差，有些大学还取消了长跑，怕一不小心孩子受伤而担责任。可是，亲爱的家长，当你无微不至地照顾孩子的时候，当天稍冷或有稍热就开着空调时，当动辄出门打车、家务事找钟点工时，你有没有想过习惯了安逸的孩子已经不会奋斗了？

左宗棠家书

左宗棠(1882—1885年),字季高,一字朴存,号湘上农人。晚清重臣,军事家、政治家、著名湘军将领,洋务派首领。左宗棠少时屡试不第,转而留意农事,遍读群书,钻研舆地、兵法。后竟因此成为清朝后期著名大臣,官至东阁大学士、军机大臣,封二等恪靖侯。一生经历了湘军平定太平天国运动、洋务运动和收复新疆维护中国统一等重要历史事件。

左宗棠共有四子,分别是左孝威、左孝宽、左孝勋、左孝同。可惜长子孝威英年早逝,左宗棠更加用心培养四子孝同,左孝同官至江苏按察使。

一、做一个有教养的人

早眠，早起。读书要眼到、口到、心到。写字、温书要多遍数想解，读生书要细心听解。走路、吃饭、穿衣、说话，均要学好样。此纸可粘学堂墙壁，日看一遍。

（节录自咸丰二年某月二十三日与孝威书）

译文 早睡早起。读书要眼到（一笔一画不要看错）、口到（一字也不要含糊）、心到（一字也不要放过）。写字、复习要多遍数地思考理解，学习新书要细心听老师解说。走路、吃饭、穿衣、说话，都要学好样子，有古人的样子，也有今人的样子，什么样子好就学什么样子。这张纸可以粘在教室的墙壁上，每天看一遍。

感悟 左宗棠写给儿子的这段话，讲读书、写字的方法和吃、穿、言、行的样子，看似琐屑，实为恳切，对今天的青少年仍具很强的指导意义。读书写字的方法我们后文再谈，这里专讲“站有站相、坐有坐相”的教养。

江苏卫视有一档节目的女嘉宾叫骆琦。她自身条件非常出众，也深受观众和主持人喜爱。而在华丽的身份背后，更吸引人的则是她出众的气质和迷人的微笑、优雅的谈吐与不俗的涵养。虽然高贵，却不见半点高傲。这样的骆琦似乎就是大家所追求的完美女孩，而她对“白富美”这一称谓有着自己的独特解读：“我对白富美的理解是白璧微瑕、富在才华、美在心灵。每个平凡的人通过后天的努力和修养，都可以成为白富美。皮肤的嫩白、身世的富裕、外貌的漂亮，都是可遇不可求的，也是会随时失去的。我一直觉得，相比起外貌，一个女子更重要的是修养。关于白，相比起白玉无瑕，我更倾向于白璧微瑕，这样才是更真实的。我一直知道自己并非一个完美的人，我深知自己的弱点和不足。关于富，富不在钱财，而是潜才。金钱买不来素质，贫穷抹不去涵养，女孩子的富应该着重在才华的修炼。关于美，美不在外貌，而在心灵。心灵的美好重于世界上一切的化妆品。”骆琦理解的这种白富美就是一种修养的美。

骆琦的优雅举止和谈吐源于母亲的严厉管教：“母亲很严格，自幼接受淑女教育，对走路、站立、坐姿、用餐、礼仪、待人接物都有严格的要求。淑女教育要塑造的，是一个知书达理、善解人意的温婉女子，适合作妻子的女性。对于平时吃饭穿衣都有严格的要求，吃饭的时候必须严格按照程序，吃完饭不能离桌，要等大人说完话才可以走……有各种各样的规矩。”

一个女性可以不漂亮，可以不美丽，甚至也没多少气质，但是不能没有教养。有教养的女人静若幽兰，芬芳四溢。时间可以扫去女人的红颜，但它却扫不去女人经过岁月的积淀而焕发出来的美丽。修养与智慧就像秋天里弥漫的果香一样，由内而外地散发出来。

教养是什么？教养是文明规范，是文明社会的道德基石。南京正在为2014年青奥会做准备，提高整个城市人群的文明素质是很重要的。可是，乘坐出租车时，我就曾遇到有的司机打开车窗，“啪”地一口浓痰吐向地面。这种行为有损南京“六朝古都”的形象啊！

教养并不一定取决于文化高低、出身贵贱，而教养又的确说明人的素质优劣。所以，当美国总统杰弗逊和孙子面对一个奴隶向他们脱帽鞠躬时，总统当即提帽还礼。看来，教养也是不能灌输的，只能潜移默化，一个人要富有教养，恐怕只经过一代人的努力还不够。"培养出一个贵族，至少要三代人的努力"说的也是这个意思。

能约束好自己确实是一件很不容易的事。教养正是超越人性本能的一种控制力、约束力。孔子说："以约失之者鲜矣。"有教养的人之所以能得到人们的尊敬，就在于他们不会纵容自己，他们总是不断地反省自己，永远地自律，"走路、吃饭、穿衣、说话，都要学好样子"，在世人面前彰显谦谦君子风度或树立窈窕淑女形象。

曾经上过一堂班会课《做一个有教养的人》，结束的时候有这样一段寄语：精益求精，让优秀成为我们的习惯；拒绝所有的平庸和敷衍，志向高远。当优秀成为我们的习惯，我们的一举手、一投足都充盈着高深的教养，我们的眉宇不经意流露的是自信、从容与大度，我们的生命中必将悄然绽放成功与卓越。

与君共勉。

二、好(hǎo)读书时好(hǎo)好读书

人生读书得力只有数年。十六以前知识未开，二十五六以后人事渐杂。此数年中放过，则无成矣，勉之！

（节录自咸丰六年正月二十七日与癸叟侄书）

译文 人这一辈子能专心读书的只有几年。十六岁前，知识还没有积累到一定的量，二十五六岁后，人事越来越繁杂。这几年如果虚度，就不会有成就了。望以此自勉。

感悟 不知道左大人提出的十六到二十五六岁是读书的黄金期，有没有科学依据。过去的人早婚，十六岁该结婚了，妻儿在侧，这个时间段怎么说也不是最好的读书时期。不过，这个时间段对现代人来说倒是读书求知的最好时期，高中到大学，毕业读研或刚工作积累社会经验阶段，一般未婚，杂事不多。但是不管过去还是现在，最好的读书时光只有十几年，不该虚度，这是很有道理的。

十六岁之前，一般人储备的知识和见识确实有限，但是还是会在老师的带领下学习不少基础知识。笔者主动求知开始于十四岁。大中午的教室里异常吵闹，我就拿了英语、政治书出去看。初中毕业后，笔者进了师范学校，那四年是我读书最投入的时间。再后来，我为了提高学历，报考了汉语言文学的专科自学考试。可惜

这样的时光太短，笔者也没有遇到名师或父母像曾国藩、左宗棠这样教育自己再认真读几年书。直到结婚生子后，过了几年，我才报考了汉语言文学专业的本科自学考试。

那时候，笔者每天上午上班，中午做好饭等孩子放学回来，下午又是上班，下班后忙家务，照顾孩子辅导他写作业。等一切忙完，差不多八点钟，孩子乖乖地去睡觉了，自己才能坐在课桌前开始看书。笔者晚上的读书时光也不过两个小时，白天太忙，又不能熬夜，只能把闹钟定在六点，早起继续看。有一天早上儿子自己醒了，突然问："妈妈，你昨天晚上没睡觉啊？"就这样，当妈的刻苦努力也成了孩子最好的榜样。

希望笔者的经历能让孩子和家长们明白："好读书时好好读书"，错过了那样的机会再读书不是不可以，但肯定会付出更多艰辛，而且还会留下一些遗憾。比如我，虽然尽力照顾着儿子，也曾在孩子出生前后读过一些育儿书，但在孩子的教育上用心不够，有些问题的处理还是太简单了。如果一个孩子，读书时不好好读书，走上社会受了挫折后才开始好学上进。这虽然不能说晚，但如果此时他已经有了家庭，肯定会影响妻儿，如果没有家庭，也可能错过爱情的甜蜜。

三、读书"三到"法

读书要目到、口到、心到。尔读书不看清字画偏旁，不辨明句读，不记清首尾，是目不到也。喉、舌、唇、牙、齿五音并不清晰伶俐，蒙笼(朦胧)含糊，听不明白，或多几字，或少几字，只图混过就是，是口不到也。经传精义奥旨，初学固不能通，至于大略粗解原易明白，稍肯用心体会，一字求一字下落，一句求一句道理，一事求一事原委，虚字审其神气，实字测其义理，自然渐有所悟。一时思索不得，即请先生解说；一时尚未融释，即将上下文或别章别部义理相近者反复推寻，务期了然于心，了然于口，始可放手。总要将此心运在字里行间，时复思绎，乃为心到。

(节录自咸丰十年正月三十日与孝威孝宽书)

译文 读书要眼到、口到、心到。你读书不看清笔画偏旁，不弄清楚停顿，不记清楚开头结尾，是眼睛没有到。喉、舌、唇、牙、齿五音都读不清楚，朦胧含糊，让别人听不明白，或者多几个字，或者少几个字，只图蒙混过去，就是口未到。经传的精髓义理和深奥的主旨，一开始学时本来就不容易弄懂，至于大概的理解，本来就容易明白，稍微肯用心体会，一字一字弄清出处，一句一句悟出道理，每一件事都搞清楚来龙去脉，虚字揣摩语气功能，实字判断意思和道理，时间长了自然就能悟到。一时思索不出结果，就请先生解说；一时尚未理解，就将上下文或者其他内容道理相近的文章反复推敲探寻，一定要做到心里明明白白，也能讲得清清楚楚，才可以放手。总要把你的心思运用在字里行间，常常思考，这才是心到。

感悟 读书要“三到”原出自南宋朱熹的《训学斋规》，“三到”即心到、眼到、口到。如果心不在课本上，那么眼睛就不会看仔细，思想要是不集中，就只能随随便便地诵读，那一定不能记住，即使记住了也不能长久。三到之中，心到最为重要。思想集中了，眼会看不仔细，嘴会读不正确吗？

现在学习成绩不好的孩子，相当一部分是心思不在学习上。和我们读书的时代比起来，现在的社会诱惑多了很多，各种丰富多彩的校园活动、形形色色的电子产品都让他们觉得比书本有趣得多。能不受影响，静下心来，在书本中得到乐趣的孩子越来越少了。所以常常出现一周七天都在学习（周末上补习班），成绩却始终上不来的情况。

怎样让孩子用心读书呢？

孩子需要诱惑。尤其是小时候，孩子喜欢模仿家长，看到家长读书他就会对读书好奇；看到家长玩手机、玩电脑自然也会被吸引。如果孩子小时候就对书本产生兴趣，长大后他八成能用心读书。长大一点后，家长可以让他认识到不好好读书不行，正反例子都举，最好是身边的；孩子努力了要及时鼓励，让他尝到甜头、有成就感，以避免倦怠的产生。

用心不等于用功，判断孩子有没有真正用心读书不是看他是否早起晚睡，而是有没有把学习当成自己的事去做。用心的孩子会自己分析情况，主动找老师家长想办法解决问题。小天同学就是一个用心的孩子。她的成绩在年级前二十之列，想进前十。她和第一名比较，发现第一名的同学语文是91分，而自己只有84分，于是就来问我提高语文成绩的办法。我让她多读书、多写作，注意规范答题，她都很用心地去做，周末作业上的写句题她都做得很认真，成绩已经慢慢进步了。

心到之后的眼到和口到其实是学习方法问题。读书不看清笔画偏旁，把"谢太傅寒雪日内集"读成"谢大博寒雪日内急"，惹出笑话；不弄清楚停顿，把"其一/犬坐于前"读成"其一犬/坐于前"，理解出现偏差。这些都是眼不到出现的问题。做题时眼若不到则容易出现答非所问的情况。前两天侄子在笔者家写作业，阅读题是老舍的《我的母亲》。题目问："全文写了母亲的哪几件事?"他答："儿子不能陪母亲过年，心里难过。"笔者就问他："你若问我，晚上吃什么，我答，吃完饭你洗碗，对不对?"他不好意思地笑了。这样的错误在孩子的试卷上经常出现，家长一定要重视，这都是平时马虎惯了，不肯仔细读题造成的。遇到这样的问题，孩子会以粗心为借口，不加重视，如果家长也认为不是什么大事就糟糕了。平时养成了粗心的习惯，考试时是不可能细心起来的。

口到，我的理解是朗读很重要。"书读百遍，其义自现"，这个读讲的是朗读；"熟读唐诗三百首，不会作诗也会吟"，讲的也是朗读。

朗读有很多好处。

一是化无声文字为有声语言，口读耳听，口耳并用，增加了向大脑传输信息的渠道。这不仅使阅读真正活起来，而且能使印象深刻，便于记忆和理解。二是一边缓缓朗读，一边慢慢思考，将"读"与"思"有机结合起来，可以更好地加深对读物的理解。对那些优秀篇章、名言佳句反复诵读，做到"读了又思，思了又读，自然有味”，乃至愈读愈有味，趣味无穷。三是声情并茂，培养语感和情感。朗读时读音响亮，抑扬顿挫，节奏分明，并将读者自身的感情融合到读物中去，会大大增强读物的形象感、意韵感和情趣感。四是朗读可以锻炼你的发声，培养自己的说话、表达、交流和演讲的能力。语言是最为重要的交流工具，无论是交谈、讨论，还是交谈、演讲中都是，但表达清楚、准确、生动才是关键。长时间坚持朗读可以让你的发声更加清晰、有力，也可以让你的语言更加流畅，有助于你的表达。五是朗读可以扫去慵懒和倦怠，让自己精神百倍。读书是一个良好的习惯，有时也是一个非常好的消遣和休息，但总的来讲，读书也是很辛苦的。默读或是其他的方法，有时会让你慵懒、倦怠，甚至是昏昏欲睡。但朗读不会，尤其是大声朗读，不只不会让人倦怠，有时还会让自己精神百倍。

除了这五点，还有人说朗读可以开发右脑、改变性格、减肥、降血压，甚至预防老年痴呆，简直太神啦！不可不信，亦不可全信。真实的例子是，因为喜欢朗读，笔者的语感特别好，在英语的阅读中也是这样，没做过的题，大家都蒙，我的正确率就特别高。亲爱的家长，这样一石二鸟的方法不用太可惜了！

四、让孩子喜欢学习

今尔等读书总是混过日子，身在案前，耳目不知用到何处，心中胡思乱想，全无收敛归着之时。悠悠忽忽，日复一日，好似读书是答应人家工夫，是欺哄人家、掩饰人家耳目的勾当。昨日所不知不能者，今日仍是不知不能；去年所不知不能者，今年仍是不知不能。

（节录自咸丰十年正月三十日与孝威孝宽书）

译文 如今你们读书总是在混日子，坐在书桌前，眼睛耳朵却不知道用到哪儿去了，思想也在开小差，完全没有认真专心地学习。悠闲懒散，一天又一天，好像读书是为了完成任务，为了应付老师家长，甚至自欺欺人。昨天不会的，今天还是不会；去年不知道的，今年还是不知道。

感悟 晚清名臣左宗棠一生取得了杰出的历史功绩，被他人广泛称道，而这与他的人文品格是紧密相关的。从他一生不平凡的经历中，我们可以发现，他确实是一个勤俭谦逊、不骄不纵、自立自强、忠诚正直、清正平和的地道儒将，这种文化性格在他的家书中有大量反映。左宗棠家书体现的优良传统和家风，典型又真切地体现了中国传统文人品格的精髓。

在节选的这一段中，左宗棠批评自己的子弟读书不用心，用今天的话来说就叫“小和尚念经，有口无心”。出现这种现象，既是学习兴趣问题也是学习习惯问题。

这里我们重点谈谈学习兴趣问题。

兴趣是一种动力。一个人，无论做什么事情，如果这件事情是他比较感兴趣的事，那么他一定非常愿意去做。即使再苦再累，困难重重，他都心甘情愿地去做。

爱玩是孩子的天性，玩到天黑了，还想玩，忘了回家，忘了吃饭，急得家长到处找。好不容易找着了，家长们有的是连哄带劝，有的是连拉带推，有的是连打带骂，孩子们这才很不情愿、恋恋不舍地回家去了。现在的小朋友，大都爱玩电子游戏，玩起来什么都忘了，作业忘了写，家忘了回，饭忘了吃。不仅是利用双休日去网吧玩，就是在平时，有的也是背着家长，瞒着老师，偷着去玩，而且一玩就是好几个小时，甚至通宵。但仍觉得时间短，没玩够。

这样的孩子，如果父母老师不能培养他们对学习的兴趣，被强迫坐在桌前，可不就出现了“读书总是在混日子，坐在书桌前，眼睛耳朵却不知道用到哪儿去了，读书是为了完成任务”的现象，导致“昨天不会的，今天还是不会，去年不知道的，今年还是不知道”。

“小不点”就是一个这样的孩子。她个子比同班同学矮一大截，初一军训时，连迷彩包都提不起来。“小不点”脑子转得快，一下课就喜欢往老师那里跑，小嘴叨叨个不停，一面汇报班级情况，一面讨好老师，帮老师拿个书、送个本的。可是不多久老师就发现这孩子成绩挺差。什么原因呢？上课时，她都是“眼观六路、耳听八方”，班上同学的小动作、微表情、无厘头笑话她都一清二楚，老师讲了什么却稀里糊涂。“两耳只闻身边事，一心不管教科书”。

班主任联系了家长，结果发现这孩子的家庭还不是一般的优越。“小不点”从小生活在七大姑八大姨的包围中，很会察言观色、讨人喜欢。在家里，爸妈说什么都会很干脆地答应，等到做时又会敷衍了事。批评她吧，说轻了嬉皮笑脸，说重了眼泪“哗”一下就来了，一面哭还一面眨巴着大眼睛做可怜相。他爸妈也不知道怎么办。一年年飞快过去，小学低年级她靠着小聪明还能应付，到了后来成绩就越来越差啦！家长也正发愁呢！

“小不点”的情况和左宗棠家书中“尔等读书之状”何等相似！怎么解决问题，让孩子专心读书呢？

老师告诉家长，“小不点”坏习惯的形成首先是和环境有关的，他们没能给孩子创设无干扰的环境，反而让孩子太在意他人的评价并喜欢评价别人，结果就不知道关注学习。

首先，家长要尝试转移孩子的注意力，让孩子把对周围人事的兴趣转移到学习中来。我们计划针对孩子喜欢沟通的特点，转移谈话内容。放学回家后，“小不点”还是呱啦呱啦地说个不停，妈妈照样兴高采烈地听，不时插话问问上课内容。如“村长为什么被老师骂了？”“他说朱自清老爸爬铁道买橘子是违反交通规则。”“老师怎么说的？”“我不知道。”“明天一定要告诉妈妈哦！”“好的。”第二天一大早，小不点就来找老师问问题。她听得很认真，回去后又高兴地告诉妈妈。这样家校联手，不知不觉中，小不点听课越来越认真了，和老师家长聊天，东家长西家短的内容越来越少，课堂内容越来越多。

孩子的注意力终于被成功转移到学习上，之后，老师与家长又做了以下几项巩固工作：

1. 保证孩子生活规律化。和孩子沟通共同制定读书和温习的时间，在这一时间内，要远离其他娱乐，杜绝亲戚朋友干扰，让她一坐在书桌旁，便可集中精神，进入学习境界。

2. 单一时间只做单一事情。要让孩子学习同一时间内，只可做一件事，改掉边做作业边讲话的陋习，让她学习每做一件事都要集中精神做好。

3. 及时奖励和表扬。家长可跟小不点订下协议，如她能先集中精神完成某一目标，即可获得她渴求的小小奖励。老师也会奖励她特别喜欢的表扬卡。

4. 增强自信心。喜欢讨好别人的孩子是缺少自信的。当她通过自己的努力能得到父母老师的认可时,她就会更加自信,不再过分在意别人的态度。

一段时间后,她的学习习惯初步养成,上课开小差的时候越来越少,得到的表扬鼓励越来越多,第一个集齐了七色彩虹表扬卡。以前讨好老师想得到却没有得到的东西,现在老师主动给了,看来还是努力比讨好重要!

“小不点”的成功案例和诸多念经的小和尚,从正反两面说明了学习兴趣的重要性。“兴趣是最好的老师”,“知之者不如好之者,好之者不如乐之者”,著名科学家爱因斯坦和孔老夫子皆如是说。时代发展到“90后”“00后”,孩子们个性突出,有强烈的反叛意识。他们对父辈及学校一些不甚合理的说法和规定敢于质疑,即使是必需学习的课程,不感兴趣也会置之不理。对这样的孩子,引导并培养他们的学习兴趣尤为重要。

其实,学习本不是一件痛苦的事,只要有正确的引导,孩子一定能感兴趣。即使是时间久了,新鲜劲过去,我们不能让孩子对学习像对打球或玩电脑游戏一样热情,至少可以让他觉得这件事像吃饭睡觉一样正常而必需。

五、少年立志

读书作人，先要立志，想古来圣贤豪杰是我者般年纪时，是何气象？是何学问？是何才干？我现才那一件可以比他？想父母送我读书，延师训课，是何志愿？是何意思？我那一件可以对父母？看同时一辈人，父母常背后夸赞者，是何好样？斥詈者，是何坏样？好样要学，坏样断不可学。心中要想个明白，立定主意，念念要学好，事事要学好。自己坏样一概猛省猛改，断不许少有回护，不可因循苟且，务期与古时圣贤豪杰少小时志气一般，方可慰父母之心，免被他人耻笑。

（节录自咸丰十年正月三十日与孝威孝宽书）

译文 要读书和做人，首先要立下志向。想想从古代以来的圣明贤达的人和英雄豪杰像我这么大的年纪时，是什么样的志向？是什么样的学问？是什么样的才干？我现在哪一样比得上他们呢？想想父母让我读书，请老师来教课，是什么样的愿望？是什么样的深意？我哪一样对得起父母？看同龄的一辈人，父母常常夸赞的人，是怎么样的好？父母常常批评的人，是怎么样的坏？好的要学，坏的一定不能学。心里面要想明白了，坚定信念，每个念头都要学好，每件事情都要学好。自己有坏的地方全部要深刻醒悟坚决改正，一定不能有一点点袒护，不能照原来那样能混就混，一定要争取像古代的圣明贤达的人和英雄豪杰小时候那样，才能对得起父母的用心，不被别人耻笑。

感悟 左宗棠的这番教训之词，概括起来是四句话：学习圣贤好榜样，少时立志做学问，一慰父母期盼心，二勿被他人耻笑。再简单点就是学习圣贤，好好读书，这样才对得起父母。

当然，圣贤是要好好学的。南宋诗人陆游从小就刻苦勤奋、敏而好学。他的房子里，桌子上摆的是书，柜中装的是书，床上堆的也是书，被称为书巢。他勤于创作，一生留下了九千多首诗，成为我国历史上一位杰出的大文学家。著名的考据学家阎若璩小时候是个口吃的孩子，常受到大家的嘲笑和欺负。在母亲和老师的鼓励下，阎若璩凭着勤能补拙的精神，刻苦读书，付出别人几倍的努力，赶上了正常的同学。此后，他又凭着这股好学肯吃苦的精神，成为了著名的学者。

他们为什么能勤奋刻苦学习呢？关键是都有伟大的志向。感动中国人物"南海守礁王"李文波"位卑未敢忘忧国，大浪孤胆守海疆"。他用自己的行动告诉当代大学生在选择自己的人生时，应该把个人价值与国家命运结合在一起。就像一辆车，有了强劲的动力就能跑得远，怀揣着伟大志向的孩子一定能有一番作为。

当然能立下"为中华之崛起而读书"的宏图大志自然是好，如果没有这种契机，愿意听父母老师的话好好学习，在学习的过程中再找动力和乐趣也不迟。很多善良的孩子少时都是为父母读书的。想笔者小学时，爸爸是小学校长，妈妈是小学老师，我就在他们身边读书，每学期都会拿奖状。捧着奖状回家，爸爸就会端端正正地贴在墙上，然后还退后几步笑眯眯地看一会。爸爸平时难得笑，总是忙忙碌碌的，看到他笑我总是特别开心。就为这，我一直好好读书，我们家的奖状也贴满了一面墙。每次有客人来，看他们驻足观看，我心里也蛮得意的，小小虚荣心得到满足啦！

在蒋士铨的《鸣机夜课读记》中有这样一段：母有病，铨则坐枕侧不去。母视铨，辄无言而悲。铨亦凄楚依恋，尝问曰："母有忧乎？"曰："然！""然则何以解忧？"曰："儿能背诵所读书，斯解也。"铨诵声琅琅然，争药鼎沸。母微笑曰："病少差矣。"由是母有病，铨即持书诵于侧，而病辄能愈。

妈妈望子成才，孩子爱妈妈，则"坐枕侧不去"，"诵声琅琅然"，感动天地，妈妈的病竟然好了！虽说对故事的结局我有些怀疑，但爱父母的孩子，确实能为了让父母开心而用功读书。学生小杨就是这样的孩子。她写过一篇作文，中间有这样几句："妈妈呆呆地坐在椅子上，盯着我的那张 70 分的卷子。她是那么的优秀，作为一个法官，她刚刚参加系统的演讲比赛得了第一名。可是，她脸上的笑容在看到我试卷的瞬间消逝了。我真恨我自己，为什么不好好学习！那些天妈妈在家准备演讲比赛，背稿子、练表情、配手势，付出终于有了回报，而我却让这一切变得毫无意义！我真对不起她。"就是为了让妈妈开心，后来小杨学得很认真。

要让孩子喜欢学习，还得帮他找到学习的动力。

六、立志宜坚

志患不立，尤患不坚。偶然听一段好话，听一件好事，亦知歆动羡慕，当时亦说我要与他一样。不过几日几时，此念就不知如何销歇去了。此是尔志不坚，还由不能立志之故。如果一心向上，有何事业不能做成？

（节录自咸丰十年正月三十日与孝威孝宽书）

译文 志向怕不树立，更怕不坚定。偶然听到一段好话，听到一件好事，也知道心动羡慕，当时也说我要像他一样。没过几天，这个念头就不知道扔到哪里去了。这是你的意志不够坚定，还因为不能立下志向的原因。如果一门心思向上，还有什么事业不能成功的呢？

感悟 确立了志向后，实现理想的路途并不是一帆风顺的，还需要坚持不懈地毅力。否则，一时冲动努力几天，很快又偃旗息鼓，回归故态，也是没有任何作用的。

小时候，大人总会问孩子长大了想做什么。有的孩子说科学家，有的说工程师，但往往孩子们的梦想到最后并没有真正实现。这就是左宗棠所说的立志不坚，大部分孩子们的梦想总是变来变去，没有实现也就不足为奇了。

立志向就像做好事一般，每个人都有能力做好事，今天可以扶老奶奶过马路，明天可以给老爷爷让座，但持之以恒，数年如一日地做好事的人却非常少。雷锋之所以是雷锋，就是他有着做好事十年如一日的毅力，有着服务人民的远大理想。如果孩子们都有雷锋那种一心为了理想而努力的精神，有什么不能做成的呢？

毛泽东在17岁出门读书，准备做出一番事业的时候留下了这样一首诗："孩儿立志出乡关，学不成名誓不还。埋骨何须桑梓地，人生无处不青山。"这可不是毛泽东离家求学、一时激动而发出的感慨。历史证明了他的志向是坚定的：他为了锻炼自己的毅力曾经在吵闹的街头看书，他为了求见李大钊曾在图书馆苦苦等待。"秦皇汉武，略输文采；唐宗宋祖，稍逊风骚；一代英雄成吉思汗，只识弯弓射大雕；数英雄人物，还看今朝！"他不仅说到做到了，而且比起他说的，做得更好，走得更远。

可能现在的孩子没有以前经历过艰苦环境的人有毅力，也可能有些孩子不需要奋斗便可衣食无忧。但人活在世界上是有意义的，是需要创造价值来证明自己的。如果一个人没有确定的目标和坚定的信念，朝三暮四，便会碌碌无为，一事无成，那么你留在这个世界上的要么是一片空白，要么是后人茶余饭后的话题。这是多么可怕又多么可耻啊！所以说确定自己的目标，并朝着自己的追求不断努力奋斗才是一个有理想的人应该做的事；而今天想做飞行员，明天想做科学家的人只会成为一个庸人。

可能有些人会问："我想朝着自己的目标努力，可是我不相信自己能做到，怎么办？"

比起信心，我认为更重要的是努力。李克强总理在答中外记者问中说"喊破嗓子不如甩开膀子"，放在这里也一样合适。当然，我不反对你每天对自己说"我是最棒的"。然而，志向固然重要，更重要的是坚定地走在实现志向的路上，不停歇。

七、勤奋为先

陶桓公有云："大禹惜寸阴，吾辈当惜分阴。"古人用心之勤如此。韩文公云："业精于勤而荒于嬉。"凡事皆然，不仅读书。而读书更要勤苦，何也？百工技艺及医学、农学，均是一件事，道理尚易通晓。至吾儒读书，天地民物，莫非己任。宇宙古今事理，均须融澈于心，然后施为有本。人生读书之日最是难得，尔等有成与否，就在此数年上见分晓。若仍如从前悠忽过日，再数年依然故我，还能冒读书名色、充读书人否？思之，思之！

（节录自咸丰十年正月三十日与孝威孝宽书）

译文 陶桓公有句话说："大禹珍惜很短的时间，我应当珍惜更短的时间。"古人是如此的勤勉。韩文公说："学业由于勤勉而精进，由于疏懒而荒废。"凡事都是这样，不仅仅是读书。而读书更要勤苦，为什么呢？各种手工技艺，医学、农学，都是一件事，道理还容易明白。至于我们读书人读书的事，天地万物没有什么不是自己的责任。宇宙古今的事理，都必须在心中融会贯通，这样以后行事就有了依据。人生读书的日子是最难得的，你们有成就还是没有成就，就在几年内看到结果。如果依然像以前那样悠闲懒散，再过几年依然是从前的老样子，还能假冒读书的名号充当读书人吗？想想这个问题！想想这个问题！

感悟 本则家书谈的仍是学习，是珍惜时间的问题。

对学生来说，在校时间都是一样多，可是表现出来确实迥乎不同。

初三(1)班有3个速度特别快的同学，可以说都是时间的富翁。速度一号小金、速度二号小张、速度三号村长，都是反应速度超快，做作业超快的。他们的时间都多得不得了。小张最好，抓紧时间写完作业就看课外书，《咬文嚼字》《百科知识》《厚黑学》，杂七杂八的什么都看，属于“好读书不求甚解”类型。村长呢，本来是写完作业以讲废话为主，顺便帮助其他同学的，最近被老师引入正途，也开始和小张一起看课外书了。小金呢，他不破坏纪律也不读书。偶尔几次见他在抄英语课文。他不肯背书，却宁愿抄50遍。还有几次，在找学案。他的抽屉号称天下第一乱。那次他收拾桌面，却使劲往里面塞，等他一站起来，东西哗啦一下全掉出来了，什么水果、面包、垃圾袋都有，惹得大家哄堂大笑。只要是要用前一天的学案，他基本上都要找十分钟以上。

当然，这几个时间富翁并不值得学习，因为大多数情况下他们的作业都写得龙飞凤舞，难以辨认。不过，他们的作业都能按时甚至提前交。

班上还有几个总是拖拉作业或不交作业的。写得最慢的女生总是喜欢先玩，东摸摸西看看，然后拿过作业写一点，发现不会写就丢在一边。到了快下课了才反应过来，已经来不及了。后来老师给她规定了写作业的时间，情况就好了很多。如果您的孩子也会拖拉，您不需要坐在一边督促，可以规定每半小时或20分钟（根据作业量定）交一门作业给你。

当然也有不写的，拿本课外书一看就放不下来，老师提醒一次他收起来，等到老师改作业去了，他又偷偷拿出来看。这样的孩子就不光是缺乏时间观念了。

安排得最好的是小雪。她的作业正确率高、字迹也工整。一般写完作业之后，她还会复习预习一下功课，然后才阅读课外书。

珍惜时间是意识和态度问题，利用时间还是能力问题，还需要家长与老师的指导。

八、爱之深、责之切

孝威气质轻浮，心思不能沉下，年逾成童而童心未化，视听言动，无非一种轻扬浮躁之气。屡经谕责，毫不知改。孝宽气质昏惰，外蠢内傲，又贪嬉戏，毫无一点好处可取。开卷便昏昏欲睡，全不提醒振作。一至偷闲玩耍，便觉分外精神。年已十四，而诗文不知何物，字画又丑劣不堪。见人好处，不知自愧，真不知将来作何等人物。我在家时常训督，未见悛改。今我出门，想起尔等顽钝不成材料光景，心中片刻不能放下。尔等如有人心，想尔父此段苦心，亦知自愧自恨，求痛改前非以慰我否？

（节录自咸丰十年正月三十日与孝威孝宽书）

译文 孝威举止轻浮，心思静不下来，年龄早就超过了成童但是童心还未开化。看他的动作、听他讲话，都有一种轻扬浮躁的感觉。多次经过教导训诫，一点也不知道改正。孝宽昏昧怠惰，外表愚蠢、内心傲慢，又贪玩，没有一点好的地方。打开书便昏昏欲睡，一点也没有振作清醒之气。一到偷懒玩耍的时候，就觉得特别有精神。年纪已经十四岁了，但是不知道诗文是什么东西，写字画画又都丑陋不堪。见到人家的优点，不知道惭愧，真不知道将来做什么样的人。我在家里时经常训诫督促，未见改过。现在我出门在外，想起你们顽劣笨拙不成器的样子，心里一时半刻也不能放下。你们如果还有人心，想起你们父亲这番苦心，也应该知道惭愧悔恨，努力痛改前非来安慰我好不好？

感悟 看来左季高先生真是急了。在书信里也没有循循善诱的儒家风范，把两个孩子说得一无是处。照现在的教育理论，父母这么刻薄自己的孩子，孩子长大后，通常都很自卑。不知道孝威孝宽有没有懂得父亲的这番良苦用心，从此发奋用功，成就一番事业呢？还是被他父亲说得终身自卑，因而碌碌无为，昏堕了一生呢？查了不少资料，只知道左宗棠后人多名医。他的儿子中，只有老四孝同在军中当过较大的官，甲午战争时，曾任湖南巡抚的吴大澂在辽宁边关统帅大军，左孝同总办营务。战后，左孝同就退出了军队。想来，孝威孝宽是遵家训“要大门闾，积德累善；是好子弟，耕田读书”了，估计读书也没读出什么名堂，否则怎么会查不到后来的成就呢？

爱之深、责之切。作为家长，我很能理解左宗棠望子成龙、恨铁不成钢的心情，也常常有家长着急地找我想办法。我们班级的象棋王子小光期末考试语数外都是六七十分。他的妈妈很是着急，但是他自己一点也不着急。期末复习期间，小光还和同学下棋下得不亦乐乎。说实话，这孩子挺聪明的，下棋下得特好，乒乓球也打得一流，就是静不下心来学习，一坐到桌子前浑身就不自在起来。写作业吧，龙飞凤舞地很快写完，然后就借口一起复习和旁边的小超说废话。如此学习，家长嫌烦就骂他一顿说，“你这样子，以后老子不可能管你的”，具体措施却没有。这样子管孩子肯定是没有用的。教育孩子要讲究方式方法，教育的智慧可是博大精深啊！

“好孩子是夸出来的”，虽说这句话有失偏颇，但如果一味批评指责，很可能好心办坏事，欲速则不达。“明确要求、经常了解、不时鼓励”的十二字方针对初中生的管理是有效的。这里我们讲讲赏识教育和鼓励的方法。

赏识教育会给孩子增强自信心，让孩子获得成就感。当孩子经过努力取得点滴进步时，你一定不要忘记夸奖他。美国心理学家加德纳提出的“多元智能理论”，认为每个孩子都不同程度地拥有8种智能，每个孩子的优势智能是不同的。比如，有的孩子语言智能突出，有的孩子空间视觉智能突出，有的运动智能突出，所以我们万不可因为孩子语言能力不突出，语文英语成绩一般而将他一棍子打死。要善于发现孩子的长处，着力培养。要知道孩子将来的成就和现在的学习成绩是没有必然联系的。

那么，我们应该怎样引导和鼓励孩子呢？关键是不能大夸、胡夸、乱夸。有些家长在众人面前大夸自己的孩子怎样怎样好。不切实际的大吹会让孩子有一种人人都不如自己的感觉，久而久之让孩子养成目中无人的不良习惯。更不能当孩子做错了事或伤害了别人、损害了公众利益时，还袒护孩子，认为孩子小没关系，还很“精灵”。这种不指明利害关系，不正确引导的乱夸，会让孩子是非不明，进而胡作非为，结果贻误了孩子。这样夸孩子等于是害孩子。

那么，怎样夸孩子才是夸到点子上了呢？我们要细心观察，在发现孩子的优点时，应及时肯定并要求以后继续发扬。同时夸孩子还要有一个“度”，经常滥用夸奖会让孩子对表扬不以为然。

其实，儿孙自有儿孙福，强扭的瓜不甜，着急骂人是没用的。看看人苏轼的《洗儿》诗：“人皆养子望聪明，我被聪明误一生。惟愿孩儿愚且鲁，无灾无难到公卿。”孔子培养人亦讲究因材施教，按照个人天资分成三等。若孩子真的不是读书的料，干点别的也不错。还是保持一颗平常心吧，只要他能自食其力、不危害社会就是可以接受的。当然，如果有那份幸运，孩子爱读书、上进懂事就细心培养吧。

九、关注孩子的学习过程

读书用功，最要专一，无间断。……所谓“一年之计在于春”者又去月余矣。若夏秋有科考，则忙忙碌碌又过一年，如何是好？今特谕尔：自二月初一日起，将每日工课按月各写一小本寄京一次，便我查阅。如先生是日未在馆，亦即注明，使我知之。

（节录自咸丰十年正月三十日与孝威孝宽书）

译文 读书用功，最要专一，没有间断。……所谓“一年之计在于春”的春天又过去了一个多月。如果秋天有科举考试，便忙忙碌碌又过了一年，如何是好？今天我特地告诉你：从二月初一那天起，将你每日功课按月各写一小本寄到京城一次，方便我查阅。如果先生那日不在学堂，也即刻注明，让我知道。

感悟 不管孩子怎样不懂事，做家长的都不想放弃。左宗棠先生常年不和孩子在一起生活，只能通过家书督导孩子的学习。除了讲不虚度时光的道理外，左大人还要检查孩子的作业，让他们每个月寄作业到京城，想偷懒都不行。这一招很管用。现在的孩子，你和他讲道理，他什么都清楚。讲到后来，甚至你刚开口，他都知道你下面要讲什么了。反反复复没有新意的话，说多了不管用了。还不如落到实处，检查一下他的作业，关注他学习的过程。

关注孩子的学习过程远比结果重要得多。长期以来，许多家长对孩子学习的关注常聚焦于分数上，成绩好就沾沾自喜，不理想就责骂孩子。分数成了评价的核心，成了孩子的“命根子”，更成了孩子沉重的十字架，由此带来了许多负面的后果。当家庭、学校、社会过分关注孩子的学习结果，把分数作为唯一评价标准，久而久之，孩子学习的动机和兴趣就会被转移，孩子就忘记了自己学习的原初动机——好奇心和学习的快乐。只有少数的孩子会在“分数”的刺激下，一步步地沦为考试“机器”，而多数孩子由于分数不理想，体验到深深的失败感，渐渐就形成一种期待性焦虑，对学习产生厌倦和无奈感，学习便索然无味。

过分关注学习结果也容易导致不正确的归因，当成绩好于他人时，孩子们容易把自己的成功归因于自己聪明或运气不错而趾高气扬；当成绩低于他人时又容易归因于自己能力不行或运气不佳而自卑自怨。过分关注学习结果还直接影响孩子对学习的态度，有的为了取得好的成绩不择手段地选择作弊、抄袭他人试卷、偷偷涂改成绩等错误行为。其实分数只是学习结果的一种体现，学习结果当然重要，但是家长更应关注的是孩子的学习过程，尤其是对于那些当下学习结果不理想的孩子。结果源于过程，有怎样的过程才会有怎样的结果。关注学习过程，优化学习过程，学习过程得到优化，自然就优化了学习结果。

哲人说：“人的思想是万物之因。播种一种观念就收获一种行为，播种一种行为就收获一种习惯，播种一种习惯就收获一种性格，播种一种性格就收获一种命运。”对于学习来说，学习的动机和态度决定学习的行为，学习行为决定学习的成绩。

关注孩子的学习过程，首先是关注孩子学习中的态度。

学习态度不仅直接影响学习行为，而且直接决定着学习成绩。

喜欢学习，认为学习很有意义、很有意思的孩子，上课注意听讲，按时完成作业，常表现出吃苦耐劳、百折不挠和勇往直前的精神，学习成绩优良。反之，学习行为差，耐受力低，容易灰心丧气，学习成绩也差。孩子的学习态度，受家长态度和家庭教育的影响。家长对科学文化知识的态度、对待子女学习的重视程度，在很大程度上影响着子女的学习态度。那些关心子女的学习进展情况，对孩子的学习态度和学习行为不断给予指导、检查和奖惩的家长，促进了孩子积极学习态度的形成和学习成绩的提高。所以，我们做家长的一方面要注意自己的言行，时刻给孩子传递积极的、正面的信息，营造一个浓厚的家庭学习氛围，把学习当做生活的一部分；另一方面关注孩子的学习态度，引导和帮助孩子寻找学习中的乐趣，爱上学习，喜欢学习。

其次，家长要关注孩子学习过程中的努力程度。

学习的过程是一个不断克服困难，由未知到已知，由知之不多到不断认识、了解事物的过程。要取得好的学习效果，在学习过程中付出努力绝对重要。家长要关注和引导孩子凡事尽心尽力，用刻苦努力终成大事业的故事、事例，让孩子明白，自己每付出一份努力，都是在朝向目标前进一步，从而引导孩子努力学习。关注并引导孩子学习过程中的投入程度，其意义更在于让孩子把学习作为其提高人生质量的追求。无论是做事还是学习，当孩子进步时，要及时地、毫不吝啬地给予鼓励、强化，着重表扬孩子的努力，在表扬和鼓励中给孩子自信和自尊，坚定刻苦努力的信念。对于那些取得同样成功但付出更多努力的孩子，尤其要鼓励，给予良好的激励。在孩子学习期间，家长要想各种办法，让孩子尽自己的最大能力去学习，把学习搞好。但孩子的学习能力有高有低，这个学好的标准不同，只要孩子尽力，只要有一丁点的进步，就应该给予鼓励。让孩子在学习中经常有成功体验，这很重要。这种成功经历和成功时的情绪体验对学习所产生的影响是巨大的，非常有助于孩子发现自我的潜力，激发学习的热情。如果孩子尽了力，仍然一时还得不到好成绩，家长应表示理解，不要让孩子有过分的压力。切忌进行谴责和奚落，以防止其消极情绪体验的产生。要帮助孩子找出学习失败的原因，指导孩子改进学习方法，增强其信心。

此外，家长还要关注孩子学习过程中的习惯。

著名教育家叶圣陶说："教育就是培养良好的习惯。"而"习惯成自然"了就是能力。良好的学习习惯，也就是良好的学习方法；学习方法好，就是学习能力好。让孩子养成良好的学习习惯，培养孩子的学习能力，既是获得好成绩的必由之路，也远比学得知识、考出好成绩意义大，培养良好学习习惯和学习能力将终生受用。习惯不是短时间内就形成的，要逐渐养成，要随时随地加以注意。只有不断地实践，才能收到相当的效果。在没有养成的时候，多少需要一些强制功夫，需要家长的关注、引导和督促，直到"习惯成自然"，成为自觉行为。家长要特别关注孩子良好的作业习惯。可从几方面关注：① 培养按时完成作业的习惯，要求孩子在规定的时间里及时完成作业，不拖拉。② 独立完成作业，遇到困难想办法自己解决，不能依赖他人。③ 做完作业认真检查。④ 书写清楚，格式规范，错题认真订正。

更要紧的是帮助孩子养成反思的习惯，也就是及时总结经验教训，不断改进自己的习惯。所谓"失败是成功之母""吃一堑长一智"，这是对善于反思的人而言的。当孩子取得成绩，获得成功时，帮助孩子认真地总结成功的因素；当孩子遭受挫折失败时，告诉孩子没有什么，重要的是认真分析造成的原因，吸取教训，提出改进的措施。

说一千道一万，强调关注孩子的学习过程，并不是不关注孩子的学习结果，而是因为能力的培养、习惯的养成就在过程之中，学习的结果来源于学习的过程。与其只关注孩子的学习结果，不如更关注孩子的学习过程，学习过程的科学和顺利，最终决定考试成绩。

十、择友需慎重

同学之友，如果诚实发愤，无妄言妄动，固宜引为同类。倘或不然，则同斋割席，勿与亲昵为要。

家中书籍，勿轻易借人，恐有损失。如必须借看者，每借去，则粘一条于书架，注明某日某人借去某书，以便随时向取。

（节录自咸丰十年正月三十日与孝威孝宽书）

译文 同学之类的朋友，如果诚实发愤，没有胡乱的言行举动，本来就应当交往成为朋友。如果不是这样，便断绝朋友关系，万万不要与他走得太近。

家中书籍，不要轻易借给别人，（借给别人）恐怕会有损失。如果必须借给人看的，每次借出时，便粘一张纸条在书架上，注明某日某人借去了哪本书，方便随时向借书人取回。

感悟 关于借书之事，与家教关系不大，这里我们只说交朋友的事。孩子进入初中，朋友的影响力大过老师家长，您一定要重视。

子曰："益者三友，损者三友。友直，友谅，友多闻，益矣。友便辟，友善柔，友便佞，损矣。”意思是：“有益的交友有三种，有害的交友有三种。同正直的人交友，同诚信的人交友，同见闻广博的人交友，这是有益的。同谄媚逢迎的人交朋友，同善于阿谀奉承的人交朋友，同惯于花言巧语的人交朋友，这是有害的。”这告诉我们，交朋友须十分谨慎。好的朋友可能会成全孩子，坏的朋友可能会毁了孩子。

孩子他爸给我讲过他的经历。他的父亲是个地地道道的农民，大字不识几个，不重视孩子的学习，他也是糊里糊涂读到了高中。在学校里，他认识了一个姓秦的同学，从这个同学那里，他第一次知道了求知的乐趣。秦鹏飞说过这样一段话：“我们有那么多知识要学，完全没有必要睡那么多，一天四五个小时就够了。”后来，在秦同学的激励下，他一直不停地学习，读完博士还不停止，在大学校园里读书写书乐此不疲。由此可见，交益友会让你前进的路有方向、有目标。

儿子读初一时，有一段时间特别叛逆，说话总是很不耐烦，还时有顶撞之举。我很纳闷，和班主任老师沟通，原来儿子最近和一个单亲家庭的孩子交往密切。那个孩子的爸爸妈妈离婚后都不管他，让他跟爷爷住。他有时去爸爸家，爸爸也只给他点钱就让他自己呆着，根本不和他交流，更不用说关心爱护他了。他对父母很是不满，时有怨恨。知道了这些，我和孩子深谈了一次，儿子意识到这个问题，和他疏远了些。有时听他讲父母的坏话，儿子也能理性看待。

怎样指导孩子交朋友呢？

首先，教孩子识别哪些是益友，哪些是损友。像那些总是邀请你去吃喝玩乐的朋友，是千万交不得的。20 世纪 90 年代流行的网络作家痞子蔡的小说《槲寄生》，讲的是怎样从朋友那里汲取成长养料的故事，他交的都是益友。

其次，我们必须有坚定的信念，我们一定要交那种可以互相帮助、互相提高的朋友，对于那些损友，要坚决地拒绝，要敢于说

“不”。曾子曰：“君子以文会友，以友辅仁。”意思是：“君子以文章学问来结交朋友，依靠朋友帮助自己培养仁德。”作为学生，交朋友的手段可以是讨论题目，交朋友的目的可以是共同提高学习成绩。

最后，我们要把握交友的基本准则。子贡问友。子曰：“忠告而善道之，不可则止，毋自辱也。”就是告诉我们，朋友之间讲求一个“信”字，这是维护双方关系的纽带。对待朋友的错误，要坦诚地劝导他，推心置腹地讲明利害关系，但他坚持不听，也就作罢。如果别人不听，你一再劝告，就会自取其辱。这是交友的一个基本准则。

十一、为孩子铺设成长的阶梯

尔在家须用心读书，断不可如从前悠忽，是所切嘱！大一岁，须立一岁志气，长一岁学问。

（节录自咸丰十年二月二十四日与孝威书）

译文 你在家应该用心读书，万不可像从前那样瞎晃，这就是我重点嘱咐你的话！大了一岁，应当确立一岁的志气，增加一岁的学问。

感悟 孔子曰："吾十有五而志于学，三十而立，四十而不惑，五十而知天命，六十而耳顺，七十而从心所欲，不逾矩。"这段话对中国读书人影响很大。在人生的不同成长阶段应该有不同的目标和收获，也成了每一个认真生活的人的共识。但是，这样的人生规划还是太笼统。

下面我们来谈谈青少年的人生规划。新年新气象，大了一岁，应当确立一岁的志气，增加一岁的学问。以前，笔者的父亲喜欢在吃年夜饭时总结过去的一年并对我们几个子女提出新的希望。在每年的盘点上得到父亲的表扬和肯定时，我心里都喜滋滋的，对来年充满了憧憬和信心。现在我也会这么做，不仅是在每一年结束时，还在每学期开学前。

这一点，我们的家长也可以尝试一下。作为老师，在每学年开始的班会上，我都会和学生认真地谈一谈学年规划，为他们铺设成长的阶梯。

初一《珍惜新起点》。由小学升入初中，孩子的心里充满了兴奋与不安。常常有孩子小学表现甚佳，到了初中就不行了。这个重要的过渡和转折如果缺少老师和家长的指导和帮助，他们往往会很不适应。其实，这很正常，你想想，初中的功课一下子增加了很多，新的学校、新的老师、新的同学。孩子一下面临的和我们刚走上工作岗位时差不多，而他们只有12岁。这时，安抚他们的不安情绪，教会他们如何交上朋友，消除紧张感和陌生感特别重要。然后还有学习，如果小学时就有了好的学习习惯，现在则要掌握不同的学习方法、适应不同的老师。孩子往往会喜欢亲切风趣的老师，却嫌认真严谨的老师闷，在严肃的老师上课时表现拘谨，在宽松的老师上课时过分放松。这些都是要不得的。因此要事先告诉他，升入初中将面临种种问题，学会适应是成长重要的一课，这比出现了问题再纠正要好很多。最后当然还要鼓励他找出科学的学习方法，争做优秀中学生。

初二《扬起青春的风帆》。进入初二，学生表现出明显的青春期特征：叛逆，茫然。既不愿像以前一样听从家长、老师的教导，也不知道自己想要什么。这一时期的孩子明显的特点是不像以前那样听话了，有话也不愿意和父母沟通了，和同学聊起来又特别话多。其实，对于自己的变化，他们也弄不明白，却控制不住情绪。让老师、父母、同学生气时，他们也不愉快，只是爱面子的特点让他们一味嘴硬、不愿服输。这时，他们更需要家长、老师的理解、信任和宽容。在这次班会上，我会重点告诉学生这些生理变化和心理变化都很正常，应该怎样去面对。有时还请心理老师参与指导。其实，只要老师、家长知晓这一特点，放下架子和孩子平等沟通，即使出现了问题也不难解决。

初二上学期的体育节，因为学生入场式彩排表现懒散我生气了，严厉地批评体育委员“猛男”。他一直不服气地梗着脖子、瞪着我，我气得扯过他就在他厚实的肩上捶了一拳。“反了你了！”没想到，他一下火大了，扯下帽子扔在地上。“老子不干了！”说完狂奔而去，把我和其他同学惊得一愣一愣的。我们班平时师生关系和谐，即使拧一下、踢一脚的，他们也只会笑着躲，从不生气的，今天怎么这样？事后我和他沟通，没有批评他，只问自己哪里得罪他了。他冷静下来了，说当时操场上人太多，还有其他班级的，觉得面子上过不去。“哦，这一点确实是我疏忽了，对不起啊，以后我一定给胡大少面子，不在人多的场合批评你，行不行？要是还生气，你捶我一拳吧！”大家都笑了。他赶紧说不用了，自己态度不好还请老师原谅。我趁机让他用实际行动表示忏悔，把入场式练好。他一拍胸脯：“老师，你放心，正式体育节开幕式，绝不给你丢脸。”“好，我相信你！我不烦了！”从他身边经过回办公室，我假装想在他胸肌上捶一拳，他一缩，躲过去了。后面传来一阵欢乐的笑声。

初三《拼搏进取，创造奇迹》。进入初三，学生们一下子紧张起来了。这次班会，我做了个一分钟写字的实验。结果，他们写的字数远远超过他们猜的字数。这就是奇迹。坚定信心，我们都能创造奇迹。接下来是分析形势，弄清楚初三这一年课程的进度，一模、二模、中考的安排，让他们心中有数，怎样安排好自己的计划，应该怎样拼搏进取迎接中考。最后也是最重要的是分享心态——“享受”。我常用一句话作为寄语送给同学：“我在蜕变中享受成长的痛快！”告诉他们，少了些活动、玩闹、休息并没有什么，有机会全力以赴做一件事，为升入理想的高中拼一把，是一件很享受的事。能享受安静的学习环境，“野火烧不尽，春风吹又生”的复习资料和老师家长的唠叨的人是伟大的人。

这些是作为老师的经验，家长们可以借鉴一下，形式也许不一样，但教育的精髓是一样的。

十二、与书结缘

尔年已渐长，读书最为要事。所贵读书者，为能明白事理。

读书能令人心旷神怡，聪明强固，盖义理悦心之效也。若徒然信口诵读而无得于心，如和尚念经一般，不但毫无意趣，且久坐伤血，久读伤气，于身体有损。……读书要循序渐进，熟读深思，务在从容涵泳以博其义理之趣，不可只做苟且草率工夫。

（节录自咸丰十一年正月二日与孝威书）

译文 你慢慢长大了，读书是最为紧要的事。读书最重要的方面，是为了能明白事理。

读书能够使人心旷神怡，聪明强健，原因是书中的义理有使人愉悦的功效。倘若随口诵读而思想上无所收获，像和尚念经一样，不仅没一点意趣，而且久坐会有害血液循环，久读有损于自身的元气，对自己的身体非常不利。……读书要循序渐进，熟读深思，务必在从容涵泳上下功夫，以取得书中所含义理的情趣，不能马虎、草率了事。

感悟 这一则讲的是读书的意义，一是明事理，二为愉悦身心。

江南乡下，批评读书人犯错误时常用的一句话是："读书读到狗肚子里去了。"目不识丁的农村人也知道读书若不明事理等于没读。读书人明理也是人们的共识。

曾国藩在写给儿子的信中把读书明理作为读书的第一要义。他还对两个儿子说："吾不望代代得富贵，但愿代代有秀才。"而左宗棠因为科举之路不顺，所以读书的目的更为单一：只要儿子读书明理。

清康熙帝也说："读书以明理为要。"如何做到明理呢？

首先应该明白书中所讲的道理。这道理是否正确，要做到心中有数；然后站在书上读，不作书的奴隶。把书中的道理和实际生活联系起来思考，妥善处理，才不会枉担了读书之名。俗话说："世事洞明皆学问，人情练达即文章。"弄清事物本质，和谐、圆融地处理人情世故本来就是学问和文章，那么反过来说，读书的要义之一岂不就是明理吗？

读书的另一个作用是愉悦身心。曾国藩家书中有这样一段话，他指导儿子读书须能涵泳体察，"涵者，如春雨润花，如清渠之溉稻……善读书者，须视书如水，而视此心如花如稻如鱼如濯足，则涵泳二字，庶可得知于意言之表"。曾国藩视书如水，人心如花、如稻、如鱼，而虚心涵泳的道理，既是读书的意境，也是读书的趣味，其实这也是读书读到深远处，物我两忘的一种境界。达到这种境界的读书人，读书是一种需要，就像花朵需要水的滋润更加明艳照人一样，有了书的滋养，我们的身心更加愉悦。

反之，若读书得不到乐趣，就如和尚念经一般，时间长了伤血伤气，头疼屁股疼，脖子酸肩膀僵硬，浑身不舒服，有害身体健康。所以读书一定要善于找到乐趣，否则还是不读的好。左宗棠这人就是直率，说话一点也不藏着掖着。我喜欢！

想当年，老师给我们讲"头悬梁锥刺股"的故事，有想象力的学生就说:“这不是自虐吗？这人肯定是受刺激了!”后来才知道,问得一点不错,孙敬、苏秦的确是受刺激了。这样苦读的人,都是为了出人头地的,把书当成了敲门砖,动机不纯啦!

读书就是读书,应该是出于一种爱好,是生活或生命的需要,是一种乐事。一来可以增长见识,二来可以明白事理,三来可以愉悦身心,四来可以“书卷满床头”,打发和消遣时光……笔者曾经为班上的孩子写过一篇文章《与书结缘》,爸爸妈妈们也可以将自己读书的故事与孩子分享。

现在的孩子十有八九是手机控,他们行走都拿着手机。不光是打发时间,有的把自己都打发给手机了,离了手机简直六神无主。这其实是一种病态。上次期末考试成绩出来,小金生物考得特别差。询问原因,任课老师帮小金分析道:“考生物前小金就来找我了,好像是要被我没收的手机,我不在。考试监考时,小金一会就写完了卷子,也没心思检查,就坐在那儿苦等下课,好跟我要手机。”这样的孩子,如果听之任之,怎么能把心思放在学习上呢？

最后提一个建议:让孩子读纸质书,或许能让他们部分摆脱对手机的依赖。

十三、少壮不努力，老大徒伤悲

古人云："少时不学老时悔。"此语可常玩味。勿虚掷韶光为要。

（节录咸丰十一年五月十二日与孝威书）

译文 古人说："年少时不学习到老了就会后悔。"这句话可以时常品读。千万不要虚度时光。

感悟 《长歌行》好像是人教版《语文》七上要背诵的篇目，"少壮不努力，老大徒伤悲"。

学习那首诗的时候，笔者有一个无话不谈的好朋友——青青。她活泼漂亮，成绩也很好。漂亮的女孩子总是惹人关注。好像是高二吧，就经常听她说，有男生追求她。高中毕业后，她什么都没考上，又补习了一年，仍然没考上，只能找了份化验员的工作。此后每年夏天，她都穿着漂亮的连衣裙来找笔者，悠闲得就像一只花蝴蝶。

再后来，应该是1997年左右，笔者去参加她的婚礼。我看到她日子过得不错，可以说是相当富足，不禁让人怀疑读书努力的价值了。

可是，随着社会的发展，化工厂的工作不行了，青青来我们学校当代课教师。但学校没有配备宿舍，只有间闲置的教室让她住。

她们一家人就拉个帘子，外面做饭、里面睡觉地过。这种先富后穷的日子真是不好过，她为了维持生计，只得到县城开发区的企业打工。这样又过了三年。

想起这些，不禁感叹如果当初她努力读书，考上学校，也会有份能养活自己的工作。如果她高中毕业后在单位认真工作，积累经验，到了 40 岁，怎么也是骨干了吧？那时，她在学校代课时，笔者曾经动员她参加自学考试考个大专学历，她又觉得太辛苦不想学。那么多的机会，她都不努力抓住，只是贪图享受，以至于她的生活落到了这个地步。都 40 岁了，以后的路，怎么走呢？

如今，年轻人一毕业就面临严重的就业压力，可以说“少壮不努力”，毕业就“徒伤悲”啊！

十四、字一定要写好

读书必须明理，非循序渐进、熟读深思不能有所开悟。尔从前读书只是一味草率，故穷年伏案而进境殊少。即如写字，下笔时要如何详审方免谬误。昨来字，醴陵之“醴”写作“澧”，何必之“必”写作“心”，岂不可笑？……程子作字最详审，云“即此是敬”，是一艺之微亦未可忽也。潦草即是不敬，虽小节必宜慎之。

（节录自咸丰十一年六月二十三日与孝威书）

译文 读书必须明白事理，不是循序渐进、仔细阅读、深入思考就不能有所感悟。你从前读书只是敷衍了事，所以整年坐在桌子旁看书但进步非常少。就像写字一样，下笔时要如何详细审查才能免除差错。昨天收到你寄来的信，醴陵之“醴”写作“澧”，何必之“必”写作“心”，难道不可笑？……北宋的程颐写字最详细审查，说“这就是恭敬”，是一种技能的细节也不可以忽略。潦草就是不恭敬，即使是小节也必须应该谨慎对待它。

感悟 写字潦草的,我们班有好几个。

一号草圣小皓。因为小皓小时候身体不好,爸妈放松了对他学习方面的要求,致使他至今还非常情绪化:高兴时听一会课,不高兴时便走神发呆。写作业时他习惯歪着脑袋或一只手撑着下巴,本随笔动,心随意驰,不管对与不对,胡完再说。写出的字活像一条条蚯蚓扭来扭去,你根本无法辨清,只能凭感觉猜是对还是错。如果你让他重写,他干脆不写了。上学期期末考试阅卷的老师在他的第一面卷子上打了个大大的叉,然后写上"字迹模糊,难以辨认"。他不思己过,一心认为老师太过分,一把撕了试卷了事。

二号草圣小罗,我班劳动委员,美籍华人。或许是受美国文化的影响,写中文像英文,所有的字皆呈左高右低,伸胳膊伸腿状。写的中文是方块字和条状英文的结合体,颇有混血之妙。中文写不好就原谅他吧,按说英文书写应该极妙吧?从小渗透到血液中的东西,怎么也比别人强吧!可是,英语老师说他写的英文也非常潦草,难以辨认。这次期末考试他的英语作文扣了七分,肯定是老师不认识他写的蝌蚪文,才扣了这么多。数学老师呢,更是叫苦不迭,因为小罗写的"7"和"1"一个样,猜不准的。因此,他的寒假作业多了一项,写100个"1"和"7",要有明显区别。他大叫不公平,显然不服气。

三号草圣然然,写字走路都呈张牙舞爪状。他写的字像一团团雪球在纸上滚来滚去,不过雪球是白的,字是黑的。能让一团团黑球滚动的,只能是屎壳郎了。这孩子写草书是为了快速完成作业然后看课外书。他看课外书也是一目十行,走马观花型。

每次交作业,他们的字像晴雨表一样准确地反映了学习的心态。静下心来认真学习时必是字迹工整、正确率高的时候。

班上也有几个字写得工工整整的,晓蓉、晓睿、天然,天生就有那份静气,就没见他们心浮气躁过。改他们的作业,真是一种享受啊!当然她们的语文书写分都是满分!成绩嘛,这三个孩子都在班级前十。顺便补充一下,三个草圣中,除然然成绩位列中等外,其余两个都比较差啦！

所以，认真写字很重要，即使现在老师已经不将它上升到“敬”的高度了，但它真实反映的是孩子写作业时的心情和态度。

另外还需友情提醒的是，孩子的字小学写得最好，常常随着作业的增多，变得越来越潦草。让孩子在小升初的暑假练一练行书，对提高写字速度有好处。

十五、聪不聪明都是宝

古人以早慧早达为嫌，晏元献、杨文和、李文正千古有几？其小时了了、大来不佳者则已指不胜屈，吾目中所见亦有数人。……天地间一切人与物均是一般，早成者必早毁，以其气未厚积而先泄也。即学业亦何独不然？少时苦读玩索而有得者，皓首犹能暗诵无遗。若一读即上口，上口即不读，不数月即忘之矣。为其易得，故易失也。尔才质不过中人，今岁试辄高列，吾以为学业顿进耳。顷阅所呈试草，亦不过尔尔，且字句间亦多未妥适，岂非古人所谓"暴得大名不祥"乎？尔宜自加省惧，断不可稍涉骄亢。

（节录自同治元年闰八月二十一日与孝威书）

译文 古人认为早慧早达并不是好事，像晏元献、杨文和、李文正等自幼聪明早慧、长大后有成就的人，千古也没有几人。倒是小时了了、大来不佳者则数不胜数，我就亲眼看到几个。……天地间的一切人与物，都是一样的，早有成就的必早早毁灭，因为他的气候没有深厚积累就先外露了。可是学业为什么独独不是这样呢？年少时刻苦读书体味探求有所获得的人，年老了也能够没有遗漏地背诵出。如果一读就顺口，顺口而出了就不读了，不过数月就会遗忘掉它。因为容易得到的，也容易失去。你的资质不过是中等，现在岁试名列前排，我以为学业突然进步了。刚刚看了你所呈上的试卷，也不过如此，而且字句间也有很多不妥帖的，这难道不是古人所说的“突然得到很大名气不吉利”吗？你应当自己多加反省，有敬畏之心，千万不可以有丝毫骄傲。

感悟 古人认为，成名不可太早。曾国藩在其子曾纪泽得荫生后，命曾纪泽在24岁始行乡试。曾国藩在书信中说：“泽儿现在本系荫生，例不准赴小考，故拟令照我之样，二十四岁始行乡试。若十九、二十即行乡试，无论万万不中，即中得太早，又有何味？”与曾国藩有同样想法的还有左宗棠，左宗棠之子左孝威，17岁即在长沙中了举人。左宗棠告诫其子左孝威说：“且为乐喜，且为尔虑。古人以早慧早达为嫌……其小时了了，大来不佳者，则已指不胜屈……天地间一切人与物均是一般，早成者必早毁，以其气未厚积而先泄也。”并令其子左孝威家居读书，暂勿入都参加会试。

古人这么说，是有道理的。古代早慧儿童的代表王戎，他六七岁时在宣武场观戏，猛兽在槛中咆哮，众人都跑走了，只有王戎一人站立不动，神色自若。他还善于观察，知道路边的李树果实累累，必定是苦李。可到了成年后，王戎为人处世简明切要，不拘成法，性格外露，悭吝贪鄙，苟媚取宠，热衷名利。母亲死时，他不遵礼制，饮酒吃肉，观棋对弈。又因女婿借几万钱而对女儿面色不愉，甚至在堂侄过生日时仅赠一单衣，竟于事后要还，可见其刻薄。

王戎还真不是特例。智商高的人容易自视甚高，看不起别人，自然也听不进他人规劝，纵情任性，一条道走到黑。“早成者必早毁”，是以情商低而自毁长城。

所以，如果你生了一个特别聪明的孩子，先别忙着高兴，想让他成才，困难还不是一般的大。早慧儿童的杰出代表方仲永的故事，大家都很熟悉。他结果怎么样？“泯然众人矣”。也许你会说，仲永的悲剧主要是“父利其然也，日扳仲永环谒于邑人不使学”。其父是农民，短视，我怎么会那么傻呢？我一定会好好培养孩子，让他（她）成为杰出人才的。

你以为聪明的孩子会甘心地接受你安排的一系列教育吗？林语堂有一段写苏洵的文字：“直至今日，人人都知道他到二十七岁时才发奋读书，大人常举这件事来鼓励年轻人，告以只要勤勉奋发，终会成功的。当然聪明的孩子也许会推演出相反的结论，那就是孩童之时不一定非要专心向学。事实上，苏洵在童年时期并非没有读书作文学习的机会，而似乎是，苏洵个性强烈，不服管教，必又痛恨那个时代的正式教育方式。”

学生小元就是这样一个智力超群、不服管教的孩子。他最明显的特征是不想遵守任何校纪班规，认为“带手机只要不被发现”“买外卖只要不被教导主任抓到”就可以了。数学老师上课时，只要讲题思路不是最简单、直奔结果的那种，他就会指出来，说没有必要那样讲，太绕了，多余。书上、数学卷子上的题目出得有一点点不清楚，他就会讲“没水平”“脑子进水了”，批评半天。搞得数学老师上课总要打起十二分精神，生怕被小元挑出毛病。

但是，他超常的智力不体现在语文上，而且他从不愿意读课外书。语文老师要求家长配合教育，他的父亲竟然说：“我们家确实没有读书的习惯，我也不读书。书读得太多会变成书呆子的。”家长抱有这样的态度，老师只能单枪匹马地教育他。那次读书节征文活动要求同学们写写读书的经历。他却提问道：“我为什么要读书？学课本是为了考试，读课外书没用。”同学们纷纷给出了消遣时间、怡情养性、丰富知识、增长见识等好多条理由，他还是不服气。于是，老师就让他写一篇《我为什么不读书》，作为读书节征文。他很快交上了作文，思路非常清晰：“消遣时间可以用手机也可玩游戏，怡情养性可以养花喝茶，丰富知识增长见识可以看电脑。总之，我可以不读书照样达到目的。”每个观点一段，过渡非常自然。

老师在班会课时间读了这篇文章，要求大家在听完后再发表意见。同学们纷纷举手要求发言，最积极的是村长和然然。集体的力量是无穷的，在几次异常激烈的发言后，正方总结陈词：“读课外的纸质书，是现行教育体制、管理体制下，最方便、最轻松的丰富知识、增长见识、怡情养性的方式。电脑手机学校不允许带，养花喝茶条件不成熟，网上的电子书也是书。所以说，小金同学选择的方式不符合最简洁、最高效的原则，与他的一贯作风有矛盾。”

班会课的辩论让很多孩子知道了读书的好处，让他的“读书无用论”没了市场。但聪明的孩子都自以为是，要想说服他不是那么简单的。他依旧我行我素，把智慧用在应付老师的检查上。“冰冻三尺，非一日之寒”，好在她妈妈的想法与老师一致，双方配合起来，用爱心和智慧一点点地进行渗透教育。这一学期，孩子已经变了不少，会试着把家长、老师的话在脑子里过一遍，而不是直接屏蔽掉。以前斜着看我们的眼睛开始平视了，偶尔还露出信服、感动、真诚。但愿他以后的路能走得顺畅些，这样他或许能得到和普通孩子一样多的幸福。

亲爱的家长，如果你有一个特别聪明的孩子，你一定要清醒地意识到教育这样的孩子比教育一般的孩子要困难很多，任重道远。要想办法让自己变得聪明一些、博学一些、智慧一些。因为这样的孩子不会接受常规的说教，他能一眼看穿制度、规定中不合理的地方，然后以叛道离经为乐。因为智力超群，他还容易心高气傲，聪明反被聪明误。如果你的孩子资质平常，也不用着急叹气。成名早了不是啥好事，大器晚成者更有幸福感，也更懂得珍惜来之不易的一切。用顺其自然的心态去关注、引导孩子的成长，少些功利之心，你也会在陪伴孩子成长的过程中得到更多快乐。

每个孩子都是上天赐予我们的最好礼物，早慧不可喜，晚成欣可慰，聪明不聪明都是宝。

十六、聪明人的种种表现

古人训子弟以“咬得菜根，百事可作”，若吾家则更宜有进于此者，菜根视糠屑则已为可口矣。尔曹念之，忍效纨绔所为乎？

更有一语属尔：近时聪明子弟，文艺粗有可观，便自高位置，于人多所凌忽。不但同辈中无诚心推许之人，即名辈居先者亦貌敬而心薄之。举止轻脱，疏放自喜，更事日浅，偏好纵言旷论；德业不加进，偏好闻人过失。好以言语侮人，文字讥人，与轻薄之徒互相标谤，自命为名士。

（节录自同治元年十月二十三日与孝威书）

译文 古人以“咬得菜根，百事可作”来训导子弟，如果是我们家就更应该有做得更好的人，菜根看做糠屑就已经是可口的了。你们想一想，忍心效仿纨绔子弟的所作所为吗？

更有一句话对你们说：最近这段时间有些聪明的子弟，文艺粗略有值得观赏之处的，便自己抬高自己的位置，对大多数人都有所轻慢。不但同辈之中没有他诚心推举的人，就是对先辈也是表面上尊敬,心里却看不起。举止轻浮,放纵自己,容易得意,处事不深,偏好接着别人的言论发表自己的看法;品德和学业没有进步,偏好听闻别人的过失。喜欢用言语侮辱人,文字讥讽人,和轻薄的人互相标榜,自己以为自己是名士。

感悟 前文说道,如果你有一个特别聪明的孩子,并不一定是好事。下面我们就从聪明人的各种不良表现上再来一探究竟。

表现一:自视甚高,看不起他人。天底下就自己最聪明、最了不起,当然要按照"我"的思路走,"我"说怎样就怎样。他不仅看不起同学或其他同龄人,甚至是老师、父母和其他长辈都不佩服。这种人肯定不招人喜欢,人缘不好。"众人拾柴火焰高",无论是在学校还是社会上,中国人都讲究群众基础。在学校时没人喜欢你,怎么能行?就像小金,虽然成绩不赖,但评优这回事,老师和同学都想不到他。走上社会,对领导既不尊重,对同事又不礼貌,如此恃才傲物,看不起任何人,这样的性格脾气怎么与人友好共事?

表现二:轻浮。左宗棠再三告诫儿子及诸弟要谨言慎行,你看这些所谓聪明子弟,举止轻浮随便,丝毫不顾及别人的感受,知道的并不多,还偏偏好卖弄,随意评论他人得失,也不怕得罪人。学生小昕就是这样,仗着自己聪明,完全不把课堂纪律放在眼里。上课总是翘着个二郎腿,身子靠在椅子上,不时弄得嘎嘎响。时常是想说就说,想笑就笑,还特别大声,实在让人难以忍受。笔者批评过他多次,还几次和他单独聊天,他却丝毫不领情,在背后说老师坏话。哎,怎么这么不懂事、不讨喜呢?

表现三:挑剔、好卖弄。在他们的眼里,更多地看到别人的缺点,对那些他们认为不如自己聪明的人,没有一点包容之心,常常搬弄是非,说别人的缺点,而且说话尖酸刻薄。不时还写首诗卖弄一下才华,非议他人。这样一帮人凑在一起,形成个小团体,互相标榜,互相吹捧,目空一切,唯我独尊。能著文骂人者,学生中少有，但挑剔、好卖弄的却不乏其人。遇到那些说同学这不好、那不好的学生，我常常反问他："你有没有缺点，他有没有优点？"

写完这些表现，笔者忽然想起一个人：杨修。

杨修，汉末文学家。生于官宦人家。杨修思维敏捷，头脑灵活，颇具才华，是个很聪明的人。杨修担任曹操的主簿（秘书）时，"军国多事，修总知外内，事皆称意"。然而就是这么一个既聪明又能干的人，最后却被自己的聪明所误，让曹操给杀了。杨修被杀的原因，各书多有记载，历来众说纷纭。

《后汉书·杨震列传》中记有三条：一是曹操将由汉中撤军，但犹豫不决，而杨修由曹操的教令"鸡肋"一词，便猜知曹操心事，使曹操大为恼恨。二是杨修为曹植预作答记，皆中曹操之意，后知其情，更加忌恨。三是由于杨修是袁术的外甥，曹操"虑为后患"，于是借故把他杀了。

《资治通鉴·卷六十八》和《三国志·陈思王植传》写到杨修之死，主要是说：杨修在做曹操秘书期间，卷入了曹丕和曹植的太子之争。

除了上面几种说法外，另有几件小事也值得关注。

曹操曾经叫人建造花园，他看了后不给评语，只在花园的门上写一"活"字。众人皆不明其意，杨修看了，说：在门上写"活"，就是"阔"字，丞相是嫌门阔了。竟不问曹操，擅自命人把门改窄。曹操知道后，口虽称美，"心甚忌之"。此为上文表现三：卖弄才华。

塞北送来一合酥，曹操在盒上写了"一合酥"三个字。杨修见了，便叫人把整盒酥吃了。曹操问他为何这样做。他答："盒上写明'一人一口酥'，丞相之命岂敢违反？"曹操虽嬉笑，而心恶之。此为上文表现二：轻浮随便，不尊重人。

曹操老担心别人暗害他，于是对身边的工作人员说："我梦中好杀人；凡我睡着，你们切勿靠近。"一天他睡午觉，被子掉在地上，一位唯恐侍候不周的勤务员马上进房，把被子捡起来替曹操盖上。曹操从床上跳将起来，一剑把勤务员杀掉，又上床再睡。睡了半天后起床，惊问道：谁杀了我的勤务员？大家都认定，曹操确有梦中杀人的病症，只有杨修心里明白是怎么回事。在送葬时，杨修对着死者的灵柩说："丞相非在梦中，君乃在梦中耳！"杨修因此惹恼曹操，被曹操借故杀了头。有些话说不得啊！其实知道的人肯定不只有杨修，有些人知道也不说。此乃表现一：自视甚高，看不起他人。

杨修死了，于是有人说，杨修是死于"恃才放旷"。杨修被杀是他聪明过头，好卖弄才华并且喜欢自作主张。

当然，这个例子并不是说聪明不好。世上除了苏轼等几个高人，大概没有父母希望自己的孩子蠢笨的。但是，我们要时时提醒自己的聪明孩子不要目空一切、心高气傲、出言不逊、狂傲无礼。假以时日，他的高智商，加上高情商，就成为"大智若愚"的圣贤了。

十七、学习如逆水行舟，不进则退

今年夏、秋、冬三季应酬奔走之日多，读书静坐之日少，不知如何荒废矣！学问不日进则日退，殊可虑也。

（节录自同治元年十二月四日与孝威书）

译文 今年夏、秋、冬三季应酬奔走的日子多，读书静坐的日子少，不知道荒废了多少！学问没有每日进步便每日退步，特别需要考虑啊。

感悟 听说晓月在小学时一到六年级都是班长，是个品学兼优的好学生。一进初中，班主任就让她做代理班长，但是她从来不主动管班级的事。学习上也是从不主动。她安静地坐在那里听课，笔记记得很认真，但是只要老师不点到她，她从来不主动举手回答问题。喊到她时，必须要重复问题，她才能勉强作答。期中考试，她考了第六名，还不错，而且她听课还是不错的。可是到了期末考试就到第十名了，然后是十二、十四名，直到初二第一学期期中考试的第十八名。

他的父亲非常着急，到学校来找班主任沟通。老师了解后发现，晓月小升初失败后，她觉得中考还早，不妨先歇歇，整个人都松懈下来。当成绩迅速下滑时，自己也着过急，却惊讶地发现再也找不到原来的状态了——上课走神已经成了一种习惯。

原来是这样！孩子的想法太幼稚了！老师问她："知道'学习如逆水行舟，不进则退'的道理吗？"她摇摇头又点点头。"我们大多数人都经历过航行。有这样一个自然现象，船只逆水而行，不用力划桨或用力过小，船不但不会前进，反而会倒退。行舟如此，其实我们的学习也是这样。就是因为你不努力了，其他同学在努力，你的老本也吃完了，所以成绩就一直下滑，明白吗？"她点点头。

为了让她加深印象，老师又让她背一遍学过的课文《伤仲永》。她勉强背完了。"仲永这样一个神童，为什么最后泯然众人也？""他爸爸不让他学习。""是的。不管是主观上还是客观上，他不学习就会由神童变成普通人了。是不是？"她乖巧地点点头。"那你如果不好好学习，会怎么样呢？""连普通人都不如。""是的，连考高中、上大学都成问题。"她很吃惊，似乎第一次意识到问题的严重性。

在征求他父亲的意见后，老师又让她加入了"高效课堂"活动。两个月下来，她的期末考试成绩上升到第十五名，初见成效。但是，孩子还是不能很投入地学习，看不到她兴高采烈、积极踊跃的样子。而且老师在两个月的观察了解中发现，这孩子资质平常，一直在外上补习班，对学习兴趣不大，很迷恋 cosplay。要想让她兴趣盎然地学习，解决动力问题，还需再做文章。

晓月的例子很清楚地说明了"学习如逆水行舟，不进则退"的道理。其实，在现实生活中，我们也常常会有这样的感觉。一段时间不写东西，发现遣词造句、准确表达思想感情的能力下降了；一个暑假下来，再开学时，前几节课说话都没有以前溜了；一段时间不开车，上手也有些迟钝了……日常生活中这些简单的事例都提示着我们逆水行舟的道理。

即使今天你的孩子是第一名，如果他躺在成绩上睡大觉，那明天或后天，他就可能是倒数第一名。也许他不费力就考上了大学，但若他不再努力学习，也许就难以毕业，就更谈不上好好工作了。你想让孩子成为一个有出息的人吗？那就请他记住：学习如逆水行舟，不进则退。

十八、以人为镜可以明得失

小时志趣要远大，高谈阔论固自不妨。但须时时返躬自问：我口边是如此说话，我胸中究有者般道理否？我说人家作得不是，我自己作事时又何如？即如看人家好文章，亦要仔细去寻他思路，摩他笔路，仿他腔调。看时就要着想：要是我做者篇文字必会是如何，他却不然，所以比我强。先看通篇，次则分起，节节看下去，一字一句都要细心体会，方晓得他的好处，方学得他的好处，亦是不容易的。心思能如此用惯，则以后遇大小事到手，便不至粗浮苟且。我看尔喜看书，却不肯用心。我小来亦有此病，且曾自夸目力之捷，究竟未曾子（仔）细，了无所得，尔当戒之。

（节录自同治二年正月六日与孝威书）

译文 一个人小时候志趣远大，高谈阔论本来没有大的妨害，但必须经常反过来问问自己：我嘴上是这样说的话，我心里究竟是否有这样的道理？我说别人做得不对，我自己做事时又怎样？就像看别人写的好文章，也要仔细去领会他的思路，揣摩他的笔法，模仿他的腔调。看别人的好文章时就要想一想：要是我自己做这一篇文字一定会做得怎样，他却不是这样，所以比我强。先看别人这篇文章的全文，再看分段，一节一节地仔细看下去，一字一句都要细心体会，才晓得这篇文章的优点，才学得它的优点，这也是不容易的。心思能这样用习惯了，以后遇到大小事情，做事就不至于浮躁随意。我看你喜欢读书，却不肯用心。我小时候也有这种毛病，而且还曾自夸眼力敏捷，但是究竟不曾仔细读书，所以毫无收获，你应当以此为戒。

感悟 这段家书意思有些繁杂，我们先来捋一捋。左宗棠教育儿子在高谈阔论之时要经常反省自己：是否心口如一，有没有口是心非？在说别人的缺点时，有没有用镜子照照自己？这种学习做人和读书学习是一样的。接下来就举读文章为例谈谈怎样用心体会作者的高妙之处。世间万物，内部的道理却是相似的，一通百通，如果能做生活的有心人，善于学习方能有所得。整段文义貌似讲读书实则讲做人的道理。谈到做人，唐太宗有一段话：以铜为镜，可以正衣冠；以人为镜，可以明得失；以史为镜，可以知兴替。先生所讲就是这个意思。

一个人的知识和本领不是生而得来的，处处留心皆学问。左宗棠在另外一则家书中表达了同样的意思：“果能日日留心，则一日有一日之长进；事事留心，则一事有一事之长进。”

事事留心，常常自省，曾国藩也是善于自省的典范。在给九弟的信中，曾国藩强调“硬”“悔”两种要诀。“悔”者，即是对自己言语和行为的检点和反省。人只有知其短，才能补其过；只有知其陋，才能补其缺。自省是促使自己继续进步的动力，不断提高聪明层次的“智慧树”。曾国藩之所以能成为圣贤，就是因为他能够坦然面对自己的过失，从不为自己的过错找借口，并且能发现错误并及时改正，还时刻反省自己，才使得他的性格逐渐完善。

我们也以文为例，来说明做人要时时用心的道理。初读《记承天寺夜游》时觉得平淡无奇，背诵之时仔细去领会作者的思路，揣摩他的笔法，模仿他的腔调，才能感受到苏轼与张怀民的深厚情谊、赏月的欣喜、贬官的落寞。

写文章也是如此，学习朱自清的《春》时，学生并未感觉到多么好。让他们作一篇仿作《秋》时，学生方能仔细看全文，揣摩思路和结构；再看分段，一节一节地仔细看下去，一字一句细心体会，才晓得这篇文章的优点。然后让他们去校园中留心寻找秋天，他们果然写出了不错的文章。

做人更是如此。笔者曾有一个很好的榜样——同事雪儿。每次坐她的车去学校，她总是热情地到楼下接送，还说："一踩油门就到了，不用走啦！"笔者表示谢意。她说："谢啥呀！你和我一起，车里人气多旺啊，我们都不寂寞啦！"雪儿的热情、善良、体贴不仅表现在生活中；在工作上她也丝毫不计较，遇到没人干的活，都会说"我来！"哎，她像磁石一样吸引着周围的人，和她在一起，真有"如沐春风"的感觉！

家长要教育孩子善于学习别人的长处，自己先要在生活中点点滴滴做起来。比如说自己不想被人说三道四，特别讨厌别人背后说你，你自己也不要背后议论人，这是"己所不欲勿施于人"。常常用别人做镜子照照自己的缺点，学习人家的长处，这是"三人行必有我师焉，择其善者而从之，其不善者而改之""见贤思齐焉，见不贤而内自省也"。

《周易》中说："君子以见善则迁，有过则改。"看见好的事物就马上学习，有过错了就改恶以善。人生最大的敌人是自己，只有时时反省、弥补缺点、纠正过错，才能了解何事可为，何事不可为，才能在这其中找到生活的真谛。

十九、吃得苦中苦

子弟之资分各有不同，总是书气不可少。好读书之人自有书气，外面一切嗜好不能诱之。世之所贵读书寒士者，以其用心苦，境遇苦，可望成材也。若读书不耐苦，则无所用心之人；境遇不耐苦，则无所成就之人。

（节录自同治二年正月六日与孝威书）

译文 你们同胞兄弟的天赋各不相同，但是书生气不能少。爱好读书的人自然有书生气，外面一些不良嗜好就不能诱惑他。世界上都重视那些读书的贫寒之人，这是因为他们都是用心苦读、所处的环境和遭遇皆苦的寒士，可望他们成为有用之才。倘若读书耐不得辛苦，就无法成为有心人；处艰难的境遇耐不住苦，就无法成为有成就的人。

感悟 社会越发展，外面的诱惑越多，能“坐得冷板凳”，耐下性子来读书的孩子越少。所以，如今培养孩子的耐性显得尤为重要。

“若读书不耐苦，则无所用心之人；境遇不耐苦，则无所成就之人”，这是左宗棠从读书谈起，进而言起人身修养。这则家训突出了人生不能不耐得住劳苦的磨练之深刻含意。

古之成就大事者，大多避不开“艰苦”二字。正可谓“天将降大任于斯人也，必先苦其心志，劳其筋骨，饿其体肤”。这段脍炙人口的名言，千百年来，激励着无数仁人志士走向成功的彼岸。古来想成就大事业的人，无一不是从艰难困苦中走出来的。艰苦的环境能激发有志者树起比常人更为远大的目标，促使其勇于面对一切苦难，坚定自己的信心和决心，与生命抗争，从而成就一番大事伟业。中国有两部大书：《史记》和《资治通鉴》，都是有才气的人在政治上不得志时编写的。看来，人受点打击，遇点困难，也未尝不是好事。宝剑锋从磨砺出，梅花香自苦寒来。

左宗棠自身的遭际也是这样。作为清末政坛重臣，他在年轻气盛时也是累遭打击，且还不止一次。后来他说：“动心忍性，为古来读书人修身之秘诀。”左宗棠这种观点，也是他自己人生经验的结晶与升华。若左宗棠年轻时参加会试一举成功，尝到当进士或者状元的甜头，他也许不会有这种思想。果真如此，便不会有后来成就伟业之左宗棠了。左宗棠 27 岁时，参加在封建社会士人视为改变命运的科举考试，三试而不中。但他并未怨天尤人，而是依然钻研不懈，并能理顺自己的思绪，冷静克服自己心焦气躁的缺点，胸怀“欲做事必先做人”的理念，加强自我修养，最后终获成功。

可是有些家长也许会说，道理我们都明白，现在的孩子大多数条件优越，哪来的苦可以吃呢？培养孩子的耐性又从何而言呢？

道理真的明白了吗？你能在生活中有意让孩子吃苦，培养他耐得辛苦吗？笔者儿子小时候，我让他自己走路去上学，每天两趟，加起来有四公里。他习惯了，所以从不觉得苦。11 岁那年去游黄山，一天之内爬了天都峰、莲花峰两座山，到了光明顶，我们问游人鲫鱼背在哪。他们指指我们刚走过来的地方。我俩大笑：“难道这就是很多人不敢过的地方？我们怎么一点感觉都没有。”唉，胆大的人想害怕都难；习惯了辛苦，平时的学习、工作根本都感觉不到累。

除此而外，让孩子等待，也可以培养他的耐性。比如笔者常让儿子帮忙做一些繁琐的家务。儿子爱吃螃蟹，就对他说“妈妈怕螃蟹夹，你是小伙子，帮妈妈去刷吧”。这样的事做得多了，他也变得有耐性了。

最后讲一个轻松的故事：狐狸的头脑很聪明，也很懂得随机应变，宙斯神非常欣赏，就把动物王国交给狐狸。过了不久，宙斯想知道，狐狸的命运改变以后，卑贱的习性是否也随之改变了。于是他故意在狐狸国王面前放了一只金龟子。因为金龟子在狐狸面前不停地跳动，狐狸实在忍受不了，就不顾一切，跳起来想捉住金龟子。宙斯看到这种情形很生气，就取消它国王的资格，恢复它从前的身份。这个寓言中狐狸利用自己的聪明得到了想要的东西，却由于本性难改又失去了一切。这说明生活中有太多的事情是需要耐心和等待的，做事没有耐心的人，是很难成功的，所以家长要尽可能地培养孩子的耐性。

二十、把握爱的尺度

长一岁须长一岁志气，刻刻念念以学好为事，或免为下流之归。家用虽不饶，却比我当初十几岁时好多些。但不可乱用一文，有余则散诸宗亲之贫者。惟崇俭乃可广惠也，识之！

尔辈衣无求华，食无求美，则当用之钱可不致缺矣。此时尚无外事分心，可勤苦学问，勿悠忽度日，最要最要。我在外久，不知尔等近来长进何如，心中时以为念。

（节录自同治二年三月十九日与孝威孝宽书）

译文 长大一岁必须长一份志气，时时刻刻想着好好学习才是正事，或许可以免除归为下等。（你们）家境虽不富裕，却比我当初十几岁时好得多。但不可以乱用一文钱，有多的就分给诸位宗亲中贫穷的人。只有崇尚勤俭才可以广泛得到好处，记住这点！

你们这些小辈衣物不追求华丽，食物不追求精美，那么当要用钱的时候就不会导致缺钱。这时候尚且没有外事分心，可以勤苦追求学问，不要晃晃悠悠地虚度时光，最重要啊。我在外面的时间长，不知道你们近来长进如何，心中时常以此为牵挂。

感悟 “好好学习，不要乱花钱”，在这封信里左宗棠千叮咛万嘱咐的，概括起来就讲了这两件事。写此信时左宗棠在外为官，和普通父母一样，也牵挂着孩子，很不放心。

不管条件如何都不能浪费，崇尚节俭大有益处。最近社会上广泛开展的“光盘行动”，就是倡导人们就餐时不浪费粮食，吃光盘子里的东西，吃不完的饭菜打包带走。“光盘行动”是2013年1月在腾讯微博上发起的，倡导网友珍惜粮食，加入行动。2013年1月20日，习近平就内参作出批示，“要求严格落实各项节约措施，坚决杜绝公款浪费现象，使厉行节约、反对浪费在全社会蔚然成风”。新华社、人民日报、央视等开始展开专题宣传。

不倒掉盘中的食物，不浪费自然资源，培养节俭的习惯，这些对青少年都是大有裨益的。不管我们多有钱，都不要多给孩子钱，否则，不是爱他而是害他。

要让孩子“衣无求华，食无求美”，最重要的是一定要让孩子知道钱来之不易，有正确的金钱观念。经济腾飞了，腰包鼓起来的家长们将钱用在培养子女上，这本无可厚非。大人们可以给他们创造良好的学习条件、环境，但绝不能给他们太过奢侈的物质享受。要不然，就把钱存起来，等孩子长大，有了正常的金钱观后再给他也不迟。否则孩子缺乏理性认识，甚至因此认为家里钱比较多而大手大脚起来就麻烦了。一来我们的经济条件有限，在教育上投资多了，其他方面要节俭些方可；二来“由俭入奢易，由奢入俭难”，谁也没有能力保证孩子将来的赚钱能力，在无法确认孩子能自食其力，有所富余前，一定不能把他们惯坏了，养成其大手大脚花钱的习惯，否则苦日子在后头呢；三来节俭的孩子更容易得到精神的快乐。人生的快乐不一定要建立在物质上。子曰：“贤哉，回也！一箪食，一瓢饮，在陋巷。人不堪其忧，回也不改其乐。贤哉，回也！”《论语》中的这段是孔子赞扬学生颜回的语录。一个在清贫中仍然快乐的人必然是一个贤者，一个能在物质之外寻找到快乐的孩子一定是个幸福的孩子。

如果我们的孩子衣物不追求华丽，食物不追求精美，物质欲望就很容易得到满足，这时候就容易做到静心学习了。明初四大文臣之首的宋濂在《送东阳马生序》中写道：“同舍生皆被绮绣，戴朱缨宝饰之帽，腰白玉之环，左佩刀，右备容臭，烨然若神人；余则缊袍敝衣处其间，略无慕艳意，以中有足乐者，不知口体之奉不若人也。”他以学得知识，获得学问为乐，不羡慕别人的衣食之优，专心向学，实在是难能可贵的。由此可见，有了主观努力，精神上的富足会战胜物质上的贫困。

要让孩子认真学习，可以从以下几方面入手。

一是要让孩子明确学习的目的。学习不是为别人、为父母，更不是父母逼着你学，学习全是为了自己。因此要端正学习态度，变要我学为我要学。

二是要有学习目标。有了学习目标，自己就会有上进心。如一人跑步，前无标兵，后无追兵，自己就会沾沾自喜，跑跑就会慢下来，甚至停下来；学习也是一样，你只有努力地去追赶标兵，学习才会不断地取得进步。

三是总结出自己的学习方法。学习上要不断总结，不断摸索，在认真学习他人经验的同时，结合自己的情况找到学习的乐趣，找出适合自己的学习方法。当某一门功课成绩不理想时，一定要总结原因，避免下次出现类似问题，然后再举一反三到其他功课。

四是要勤奋努力，珍惜时间。“业精于勤而荒于嬉”，只有通过勤奋努力，专心致志，先把学习内的事情做好，才能好好享受其他爱好带来的乐趣。当学习上遇到困难时，一定要认真思考，及时解决。遇到的问题其实就是知识上的盲点、漏洞，能及时解决，学会举一反三，就会为今后的学习铺平道路，提高学习效率。漏洞不及时填补，就会像滚雪球一样越来越大，最后压得孩子喘不过气来。

如果我们的孩子能好好学习，感受到精神的快乐；物质欲望不高，衣食无忧即可，就不会汲汲于功名富贵，而会更容易感受到物质的快乐。这样，他（她）就会是一个特别幸福的人。我们做家长的看到孩子幸福也会特别幸福吧！

反之，如果家庭条件优裕，家长们再过于溺爱、管教松弛，孩子们食不厌精，脍不厌细，生活奢华，挥霍无度，一不小心就会像某些富二代、官二代、星二代一样丑闻屡出，犯下很多错误。

李双江老师是一位著名的歌唱家，谦和真诚，而他的儿子一错再错，真是令人痛心！人生七十古来稀，74 岁了，还卷入这样的舆论是非中，都是因为儿子不争气啊！而李双江老师的教育显然也是有问题的。“打，舍不得，有时真想打，但不能打，还没有打，自己的眼泪先掉下来了。作为父母希望孩子上进，玩是孩子的天性，没有办法”。老来得子，过于宠溺，一味满足其物质的需求，忽视了品德的培养。其实，无论是爱物，还是爱人，都要有节制。月满则亏，水满则溢。有时，太多的爱不是爱，而是巨大的伤害。

但愿我们能把握住爱的尺度，让孩子健康成长；否则，我们的事业再成功也无幸福可言。

二十一、家居时光好读书

读书养身，及时为自立之计。学问日进，不患无用着处。……尔母书来，言尔兄弟今年读书工课多荒，此大可虑。家居无酬应之烦，尚不及时为学，自甘与世俗庸人等，久之志趣日就污下，并且求为世俗庸人而不可得矣。

（节录自同治三年六月十日与孝威书）

译文 读书保养身体，都要及时才是自立的方法。学问每日进步，不担心无处可用。……你母亲寄信来，说你们兄弟今年读书功课大多荒废，这实在是值得担心。在家中居住没有应酬的烦恼，尚且不及时学习，自甘与世俗庸人为伍，时间长了志趣就日渐庸俗低下了，并且想要成为世俗庸人也不能够了。

感悟 过年了，微白的窗外不时传来热闹的爆竹声。要想再睡一觉看来是很难了，我干脆坐起来读读书。可是，除夕、春节两天的应酬，竟然让我不能很快入境。真是的，只是两天而已，也有这么大的影响。可是，总不能不和父母一起准备年夜饭，也不能不去舅舅姑妈家拜个年吧！那样也太不近人情了。

中国人讲人情，只要走上社会就免不了有各种应酬，再加上工作本身也需要投入较大的精力，剩下来能读书的时间真的不多了，所以季高大人嘱咐儿子利用在家中无应酬之扰的时光好好读书。

家居时光既是读书的好时光，也是人容易懒散荒废的时光。过年之时，喝喝小酒、打打牌成了休闲娱乐的主要活动。同事小张已过三十，还没结婚，就经常参加中老年男人的各种聚会了。一帮老少爷们，今天我请你，明天你请我，美其名曰应酬，将八小时之外的大好时间都浪费了，尚且不自知，以为这样的人生才潇洒。这样的日子自然比读书写文章快活，人的本性都是贪图安逸的，如果不要求上进，不管束自己，听任懒散的种子肆意生长，人只会越来越意志消沉。

以上所讲的还是成年人，如果我们的孩子染上懒散、市侩这一恶习，后果要严重得多。在有些县城，尤其是春节期间，那几十几岁的孩子熬通宵打牌的非常多，反正他们的父母忙着打牌没人管他们。而在城市里，孩子们放学回家经常看不到父亲的身影，有的妈妈事业有成，也要应酬。孩子自己在家无人指导和督促，要形成好的习惯很难；再加上这样很容易让孩子认为“读书是学生时代的事，走上工作岗位就不必读书了，读了也没用，还不如陪领导同事多喝点酒，这样于升迁更为有利”。这样的读书太功利了。

走上工作岗位后，读书真没有用吗？笔者起初也缺乏育儿经验，只能从怀孕时就开始读育儿书。此后，在儿子成长的每一阶段，都提前读书了解，学习科学的指导方法。在儿子成长的叛逆期，还读了《和儿子一起成长》《好妈妈胜过好老师》，战胜了很多困难，一一解决了很多问题。当然，在做语文老师及班主任的过程中，无论是教育类书籍还是文学类书籍都发挥着重要的作用。业余休闲时也读读书，余秋雨、毕淑敏、席慕容、孔庆东的作品是笔者最喜爱的。一书在手，诸事无忧，三更有梦书当枕，梦里亦是书香呢！

养成读书的习惯后，你就会发现总能挤出时间读书。北宋文学家欧阳修总结出“三余三上”的学习方法。所谓“三余”，就是指“冬者，岁之余；夜者，日之余；阴雨者，时之余”。所谓“三上”就是指马上、枕上、厕上。总之，凡有空闲皆可读书。

读书学到的东西总是有用的，有时是马上显现出来，有些则是潜移默化的。它使你志趣不至于堕于庸人之流，它让你“腹有诗书气自华”，它让你不用美容照样充满魅力。

所以，一定要培养我们的孩子读书的习惯，在有时间、有机会读书时，千万不要错过，应该抓紧一些，在书中体会那无尽的快乐，让自己变得充实些。莫让时间悄然溜走，当有困难却无力克服时，才“书到用时方恨少”，等到老的时候“徒伤悲”。

二十二、走出“不要让孩子输在起跑线上”的误区

自古功名振世之人，大都早年备尝辛苦，至晚岁事权到手乃有建树，未闻早达而能大有所成者。天道非翕聚不能发舒，人事非历练不能通晓。……少年意气正盛，视天下无难事。及至事务盘错，一再无成，而后爽然自失，岂不可惜？

至交游必择其胜我者，一言一动必慎其悔，尤为切近之图。断不可旷言高论，自蹈轻浮恶习；不可胡思乱作，致为下流之归。

（节录自同治三年十月二十九日与孝威书）

译文 自古功名享誉世间的人，大都早年饱尝辛苦，到了晚年时候权利到手才有所建树，没有听说过早年成名却能够大有所成的人。自然的规律不通过合拢聚集就不能发散疏通，人事不经过历练就不能通晓。……少年意气正盛，认为天下间没有难事。到事务繁杂，一再没有成就，而后茫然失去了自我，难道不可惜？

选择至交必须选择胜过我的人，一句话、一个行动必须谨

慎，不为此后悔，尤其是殷切的打算。万不可高谈阔论，自己养成轻浮的坏习惯；不可以胡思做乱，导致自己成为不入流的。

感悟 这则家训的意思是人生非经历磨难，不能成大事。所以少年时不可太轻浮，不可高谈阔论，不可自视太高。

有这样一类人，他们小小年纪，说话措辞、举止动作很有成年人的模样，思考事物的观点方法也近似成年人，这种人通常被称为早慧者，在古代称作“才貌夙成”者。

历史书里不乏其人。《晋书·愍怀太子传》记载愍怀太子：五岁时，宫中失火，他牵着晋武帝的衣襟走到暗处。武帝问他原因，太子说：“夜晚仓卒之间，最好防备非常之故，不宜让火光照见陛下。”此后，晋武帝曾对群臣称太子似宣帝（司马懿），说他十分聪慧。这位储君就是一个典型的早慧之人，然而成人后却不好学，嬉戏荒淫，以祸殒命。

早慧的人虽然幼年时表现得大多聪明、机敏，但因为早成，年纪未到而自身一切素质已经过早地定型了，随着年纪的增长已经没有了再次生长的可能。成年以后，他们却表现得“昙花一现”，像昙花一样很快展示自己的美丽又很快消失、衰亡。一些有识之士预见到这种“夙成”人物的前景：诸葛亮写信给其兄诸葛瑾谈及儿子诸葛瞻说：“瞻今已八岁，聪慧可爱，嫌其早成，恐不为重器耳。”指出诸葛瞻是才貌早成之人，恐不能担起国家的重任，而诸葛瞻后来的遇境也如其父所料：没能扭转蜀国的灭亡，以身殉国。

这种担忧，诸葛亮、曾国藩、左宗棠都有过。才华早成的人不能成为国家的重器，是因为堪担当大任者，除去聪明以外还有胸襟、器度、识量。这些都是人生经历磨砺出的品质。

作家韩寒当属当代才貌夙成的人。纵观此人一炮走红的过程，再看看他如今文名不胜，在赛车上一掷千金的状况，很难说他在志得意满之时有没有年少轻狂迷失方向，有没有高谈阔论之时的狂妄轻浮，有没有自视过高的傲气。这些都是真正成大器者必需戒除的东西。

磨难、挫折像一把刻刀，能一点点剔除你身上的弱点，让你“能立能达”，成就自己。如果缺少这样一个过程，犹如温室之花，甘露浸润，暖阳照耀。无冬之肃杀，存初春之暖；无暴雨之苦，有清风之柔。若移之于室外，不日则凋。人若如此，何谈成器！而身处逆境者，若能身强志坚，知惜无畏，且以进取以充其身，故可成大器，多难且多果。

二十几年前有一群特殊的孩子——少科大学生。他们曾是全国亿万家庭教育孩子学习的榜样，国家和人民寄希望他们成为科学家，甚至中国的诺贝尔奖获得者。而今，他们大多未能有大成就。据了解，科大少年班也有“问题学生”，有的自控力差、贪玩、学业跟不上，有的品行不端，还有的出现了严重的心理问题。有个别学生因为生活不能自理被休学。研究发现，少年班学生的智力水平、记忆力确实比同龄人高出许多，大脑的反应能力和创造性思维较强。但杰出人才更多地取决于动机、兴趣、情感、意志、性格等非智力因素和心理素质。而这些非智力因素只有经过逆境的磨难才能趋于完善。

高考状元未能成为职场状元，职业成就远远低于社会预期，这也是“非经磨难，不能成大事”的例子。他们中的大部分人已一扫当初高考状元的风光和辉煌，职业成就平平，远低于社会预期，除个别高考状元有较高成就外，大部分已变得“泯然众人矣”。这些高考状元毕业后所从事的职业和所做出的成就，少有开创性的、杰出的、举世瞩目的成就。

说了这么多，再联想到当今社会风靡的早教培训机构。很多家长不惜花费重金将孩子送进培训机构，学外语、音乐、舞蹈、绘画，想着早点开发孩子的智力，“不要让孩子输在起跑线上”，要考进好的幼儿园、小学、中学、大学，找份好工作。殊不知，这样的急功近利，是否能如愿以偿本就难说，即便找了份好工作，又怎么样？

热播剧《北京青年》中，何东、何西仍然在抛弃了好工作，经历坎坷之后，才知道自己想要什么，才真正懂得珍惜。

孩子的智力水平和他的成就间不仅不能画等号，而且可以说关系不大。那些各方面表现比较好、智力较好、成绩优秀的学生，他们的耐挫能力绝对比不上成绩差或调皮的学生。20多年的经验告诉我：成绩差的学生往往有较强的耐挫能力和心理调适能力，走上社会更不惧摔打。能忍耐、能坚持、能成大器者也不在少数。

所以从这些角度说，“不要让孩子输在起跑线上”是一个误区。也许我们的拔苗助长，反而会导致孩子“输在跑道上”。如果把人生比作一场比赛，那一定是马拉松而不是短跑，对马拉松比赛来说，起跑速度如何，真的没有那么重要。

二十三、择良师、交益友

少年新进，诸事留心考究，虚心询问，藉可稍资历练，长进学识。切勿饮食征逐，虚度光阴。每日读书习字，仍立功课，不可旷废间断。闻王老师清俭耐苦，人品心术甚为人所莫及，尔可时往请其教益。总要摆脱流俗世家子弟习气，结交端人正士，为终身受用，勿稍放浪，以贻我忧。

（节录自同治四年闰五月七日与孝威书）

译文 少年刚进学，对诸事要留心考察研究，虚心询问，借此可以稍稍历练资质，长进自己的学识。千万不要追求饮食，虚度光阴。每天读书写字，仍然是你的功课，不可以荒废间断。听说王老师清贫节俭能吃苦，人品心术是你所远远赶不上的，你可以时常去向他请教。总要摆脱平庸粗俗的世家子弟的习气，结交品行端正的人，使你终身受用，不要稍微放纵自己，给我留下忧虑。

感悟 在上一则家训中，左宗棠也谈到了交友："至交游必择其胜我者，一言一动必慎其悔，尤为切近之图。断不可旷言高论，自蹈轻浮恶习；不可胡思乱作，致为下流之归。”意思是说，要交在学问或道德方面胜过自己的人为朋友，“择其善者而从之”，这样才能“日进”。

在这一则家训中，先生又一次提到了交友总要摆脱平庸粗俗的世家子弟的习气，结交品行端正的人。左宗棠再次强调交友以“端正人士”为要，同时还告诫儿子择师除了学问外，还要选择人品学术好的。

古人说：“人生得一知己足矣。”的确如此，茫茫人海中能找到一个志同道合的朋友是极大的幸运。在笔者40年的人生中，遇到过几位老师和亦师亦友的同事，他们给我的帮助让我终生难忘。

最难忘的是初中的语文老师。那时他刚从师范毕业，高大、阳光、帅气，书法绘画样样精通，还会教我们唱歌，给课文朗读录音。在简陋的乡下中学，他简直就是“白马王子”的化身。那时我多么喜欢听他讲课，为了能让他在课上读我的作文，总是一遍遍地修改。那时候，他不满学校的教学现状，第一个开始了教学改革的尝试。他总是让我们自学，还指导我们学习方法。后来我们的成绩都考得很好，就是因为张老师培养了我们较强的自学能力。感谢恩师！后来的黄老师对笔者的影响也很大。初中时，他进行过班干部聘任制的尝试，就是他聘我当班长，其他的所有班委由我聘任。在这些活动中，我学到了很多管理的经验。后来走上工作岗位当班主任得心应手，和这有很大关系。

和遇到良师相比，选择益友更有自主性，因此家长们的适当指导很有必要。我们的孩子，尤其是初中的孩子，在这个问题上的表现往往让人担忧。那些老师眼里认真学习、工作负责的孩子往往缺乏吸引力和影响力，反倒是一些调皮捣蛋的孩子周围聚着一批人。

“村长”的朋友小南就是个刺头。他多次破坏课堂纪律、顶撞老师，而且颇以此自豪。而村长等一批孩子总是和他打得火热。

他们之间成为朋友首先是因为都喜欢打游戏，不是业余玩玩，而是玩到一定境界的资深玩家；其次是因为有共同话题，喜欢一起吐槽。共同话题和共同爱好让他们好得分不开。小南情绪冲动、爱讲脏话，村长深受影响。一次课堂上，受了批评，他竟然冒了一句脏话。后来他也很后悔，可是错误已经犯下了，只能低头让家长老师批评并写检查。这就是交友不慎的后果，天天听着小南的脏话，不由自主就冒出来了，闯了大祸。

那么，我们应该怎样指导孩子交朋友呢？

首先是善交益友。益友，指能够帮助自己上进的朋友，这里所说的帮助，包括品行方面，也包括知识学习等方面。我们应该同那些能帮助我们进步，能够在某些方面给自己以良好的影响的人交朋友。在生活中，人人都希望自己能够结交益友，让友谊的力量来为自己的进步助一臂之力。那么，每个人也应该同时完善自我，争取成为他人心目中的益友。

其次要乐交诤友。诤友，指能够直言不讳指出对方的错误，批评帮助自己的朋友。真挚的友谊，不仅表现在能与朋友共享欢乐上，还表现在能为朋友排解烦恼、分担不幸上，还表现为能对朋友的缺点和错误进行坦率的批评与诚恳的劝告。“乐交诤友”需要具备听取逆耳忠言的度量和知错必改的勇气。也正因为朋友间敢于互相批评，友谊才能倍显纯洁和珍贵。因此，面对朋友直言不讳的批评，我们一定不要生气或记恨朋友，而应该欣然接受，并且衷心地感谢朋友，做到乐交诤友。

此外，一定不要交损友。损友，指对自己的道德品行产生不良影响的朋友。损友的类型可以分成多种，但其共同点是：在不知不觉中用不良的事物影响你、腐蚀你，导致你在道德品行上倒退。严重者甚至使你走上违法犯罪的道路，从而毁掉你的一生。与其他情感一样，友谊也有品质的高低、优劣之分。与损友相交，那种友谊必是低品质的、有害的。

因此，在生活中一定不能交损友。善交益友、乐交诤友、不交损友，掌握好三个原则，我们的孩子才能建立起高品质的友谊，从而对自己的发展起到积极的推动作用。把握了这三项交友原则，孩子就能交到真正的朋友，并且从朋友那里获得智慧和力量，让珍贵的友谊滋润你的心田。

二十四、苦在其中，乐在其中

其源头仍在“勤苦力学”四字，勤苦则奢淫之念不禁自无，力学则游惰之念不禁自无，而学业人品乃可与寒素相等矣。

（节录自同治四年七月一日与孝威书）

译文 它的源头仍然在“勤苦力学”四个字上，勤劳刻苦那么奢侈荒淫的念头不禁自己就消失了，努力学习那么游玩懒惰的念头不禁自己就消失了，而学业和人品就可以和出身贫寒的人一样了。

感悟 左大人认为，读书还是要以勤苦为要，勤学可使游玩懒惰的念头自然消失，艰苦可以让奢侈荒淫的念头不战而退。

对这一观点，笔者只是部分赞成。勤学是要的，而学习的苦因人而异。在别人看来辛苦之事，身处其中往往不觉得，或者开始或许觉得苦，但很快能找到乐趣。否则“苦学”对孩子来说必不能长久。“头悬梁，锥刺股”是违反人性的，县中的模式是压抑个性的，必不利于人的长久发展。

我读初三的时候，学得也很刻苦。当时，每天捧了书在小树林、田埂上看，是因为我没有毛泽东闹市读书的本事，教室太吵我静不下心，不得已而为之。室外多好，空气清新，满眼绿色，边走边背，一点也不会疲劳。只是冬天有些冷，害得我的手生了冻疮。还有一桩老师们津津乐道的事情，是夏天的晚上笔者坐在外面一盏马灯旁看书的例子。我真没觉得苦。那时是有电的，但经常会停电，爸爸给我准备了马灯带到学校，毕竟比蜡烛好。当时，还有很多同学羡慕我呢！夏天室内热，我就搬了桌子到风大的地方看书。讨厌的是外面蚊子多，我就用水桶装了水把腿放进去。真好，蚊子咬不着了，还凉快得很。我觉得自己还蛮聪明的，有点小得意。那时作业多，我很少超过12点睡觉，已经很不错了，比同宿舍的一位同学睡得早。她是一定要做完作业的。我呢，如果作业太多，就全摊在桌上，闭了眼睛摸，摸到哪个先做哪个。当好学生好处多，老师从不怀疑我会偷懒。

现在的孩子，虽然生活条件好点，但是学习还是蛮辛苦的。我从不拿自己过去的苦教训现在的孩子，搞什么忆苦思甜。孩子们真的不容易，从小学开始就要上各种辅导班，有的学前就开始了。什么钢琴、舞蹈、书法、绘画啦！班级进行过一次统计，只有几个学生没有学过这些。更有甚者，为了培养家族企业的接班人，我们的小明同学每个寒暑假都要学企业管理，还是初二的学生呢！

现在的孩子们其实颇有些值得敬佩之处。他们虽然娇生惯养，但在学习和活动中表现出来的吃苦精神让人感动，而且这种吃苦是用乐呵呵的方式表现出来的。例如，小涵同学钢琴十级，同学们都觉得考级一定很苦。她却说："还好啦！我本来就很喜欢钢琴，妈妈是因为我一心想要才咬牙给我买的，我自然要好好学啦！坐在琴凳上，我大部分时候都是很开心的。每周去上课，老师又漂亮又温柔，只是考级前反复的练习有些枯燥，咬咬牙也就忍下来了。现在想想还挺得意的。"

你看，兴趣、意志力让学习的过程变得有乐趣了。我们的家长只要动脑筋，肯定可以让孩子勤奋但不觉得苦。

在活动中，他们的表现也让大人们刮目相看。小升初报到时，天气总是很酷热。军训所在的炮院没有空调，吃得超级差，训练超级苦，我们的孩子虽说哭过但都坚持下来了。我坐在旁边的树荫里看他们在训练场的水泥地上练军姿，白花花的太阳当头照，汗顺着他们的脸往下淌。走正步，一天10个小时，他们都坚持下来了。真是佩服那些孩子。好不容易吃饭了，在食堂桌前，看着那一大盆黄不黄、绿不绿的水，我真不知道是什么。用长勺在里面搅了几下，也没东西浮上来，还是眼尖的老师发现饭盆里漂着两个皮。"绿豆汤！"天啦！最让人忍受不了的是去澡堂洗澡，那么多人抢一个淋浴头，有些孩子把自己淋湿了就跑出来，而且洗完澡后还要接着练，刚换的衣服又汗湿了。7天结束，回校的车上满是汗馊味。终于回到班级，接孩子的家长也来了。小原的妈妈心疼地一把搂过孩子："可怜的小宝贝，怎么又黑又瘦！"是的，一周时间，一个白白胖胖的孩子不见了，变成小黑鬼了。望着这帮活泼的"00后"，希望他们今后的人生都能取得成绩，收获幸福。

孩子们还是挺懂事的吧！当然，你也得不时安排一些训练活动，让孩子们苦在其中，乐在其中。

二十五、管孩子不必太严

诸孙读书，只要有恒无间，不必加以迫促。读书只要明理，不必望以科名。子孙贤达，不在科名有无迟早，况科名有无迟早亦有分定，不在文字也。

子孙能学吾之耕读为业，务本为怀，吾心慰矣。若必谓功名事业高官显爵无忝乃祖，此岂可期必之事，亦岂数见之事哉？

小时拘束太严，大来纵肆，反多不可收拾；或渐近憨騃，不晓世事，皆必有之患。

（节录自光绪二年五月六日与孝宽书）

译文 各位孙儿读书，只要有恒心不间断，不必加以逼迫和督促。读书只要明白事理，不必希望他们考取功名。子孙贤明通达，不在乎功名的有无和早晚，况且功名的有无和早晚也是命中注定之事，不在于文字。

子孙能学我以耕作读书为事业，务农为根本，我的心就宽慰了。如果一定要说成就功名事业，做高官封高爵才无愧于先祖，这难道是可以期待的必然之事，也难道是可以预见的事吗?

小时候拘束太严,长大了就放纵肆意妄为,反而大多不可收拾;或者逐渐变得憨呆,不了解世界上的事情,都是必然的隐患。

感悟 左宗棠过不惑之年而郁郁不得志,48 岁仍为一介举人。经历在封建社会被士人视为改变命运的科举考试三次而不中,但他并未怨天尤人,而是依然钻研农书、地理、历史、军事等知识如故,并能理顺自己的思绪,冷静克服自己心焦气躁的缺点。左宗棠胸怀“欲做事必先做人”的理念,加强自我修养,历经数年终得朝廷赏识。他官至督抚,任两江总督兼南洋大臣,直至官拜军机大臣,掌握朝廷的军事大权。此后左宗棠方才得以舒展抱负,有了用武之地。

或许是因为自身经历之故,左宗棠自然看淡了功名之事,他的“读书非为科名”“读书在于经世致用”“读书只要明理,不必望以科名”等观点,今天仍有现实意义。他在家书中告诫儿子“子孙贤达,不在科名有无迟早”。各位孙儿读书,只要有恒心不间断,不必加以逼迫和督促,也不必小时管束太严。

“读书只要明理,不必望以科名”不仅体现了左宗棠的读书观,而且是他在洞察科举制度之弊端后而得出的:“科名无有定数,能文章者得之,不能文章者亦得之;有道德者得之,无道德者亦得之。”这一点也启示我们,读书不可太功利。孩子能够通过高考进入名牌大学固然好,如果不能,只要勤奋好学、有一技之长,能自立于社会,也无不可,更有甚者,可能成为某一行业的翘楚。当然,白手起家的艰辛一点也不会亚于读书遇到的困难。

除了读书的意义,左宗棠还告诫儿子不要对孙儿管得太严。读书的事真是强迫不得。俗话说“牛不喝水强按头”,孩子小时候,你能逼着他坐在桌前,但他不用心,偷着玩或胡思乱想也是你没有办法管的事情。所以,我们只能加以诱导,慢慢培养其兴趣和习惯,让他自己愿意读书才行。这种提法,很符合“顺其自然”的理念。

顺:依顺;其:事物;自然:天然非人为。顺其自然:依顺事物的属性或规律。“顺其自然”并不是任其自然。它其实是顺应事物自身的规律,加以培养,有点庖丁解牛的意思。具体到教育学生而言,既要把握学生群体成长的自然规律,也要了解个体的特长和性格差异,有针对性地进行教育。

学生小赵一直被母亲严格管束着。母亲经常告诉他这不能做、那不能做,做作业时搬个凳子坐在儿子身边盯着。周末又有一大堆的课,小赵不仅不能休息,搞得比上学还忙。孩子小时候,不敢反抗,只能按照她的要求做这做那,但也常消极抵抗,一会喝水,一会上厕所,上个厕所要半小时。渐渐大了,干脆坐在桌前一字不写,瞪着母亲。母亲伸手打他,他抓住母亲的胳膊不让她碰。母子关系极度紧张,小赵的成绩也每况愈下。小赵后来说,之所以常磨蹭,是因为有无穷无尽的作业,如果抓紧写完了,妈妈会让他又写另一项,他恨妈妈,别的小朋友都可以玩,只有他不行。

老师又和他妈妈沟通,让她停掉周末的辅导课。建议她不要给孩子加作业,只要孩子能保质保量完成老师布置的作业就可以了;不要盯着孩子,让孩子自己订学习计划,每个时间段完成一门作业,如果不放心,可以让孩子拿给她检查一下。

可是他的妈妈不同意,非常固执,理由很充分:“我这样天天盯着成绩都不好,如果不管了,成绩肯定会更差的,那样考不上高中怎么办?”这样的父母不在少数。从根子上,她不认为孩子会自觉学习,如果对她说“管是为了不管”,她可能接受吗?后来这个孩子没有考上高中。这就是小时管束太严的后果。

“管理”二字,重要的是理而不是管,教育孩子也是一项系统管理工作。孩子小时候调皮是很正常的,一定不能用鲧治水的堵的办法,而是要慢慢调教,找出适合孩子的教育方法,慢慢让他形成学习的习惯,然后就可以放手让他进行自我管理了。尤其是孩子升入初中，已经开始叛逆，如果家长仍然用小时候的办法管教他，一定是没有什么效果的。如果孩子小时候被管得太严，没有形成自我管理的习惯，离开父母的管束就不知道读书学习，一味疯玩，很可能不可收拾。而且以后孩子长大了，或者上大学去了，父母的管束都是有心无力、鞭长莫及的。

常听在大学当老师的朋友说，大一新生尤其是县中考上来的孩子，到了大学旷课打游戏的特别多，因为他们一直被父母、老师严格管束着，一旦考上大学后无人管了，就完全不知道自己学习了。

这只是小范围比较而言，如果我们把比较的范围再扩大点，扩大到中西方教育的对比。你就会发现，中国的教育走的是左宗棠批判的先严后宽的路子，而西方的教育则小时宽松、进入大学越来越严谨起来。当然，他们的教育相对公平：你如果不想做学问，完全可以不上大学，高中毕业后进入专科学校学技术找工作。这有点像左宗棠提的“经世致用”学说。

看来，左宗棠的思想还真不是一般的先进。这都一个多世纪过去了，我们还没和世界接轨呢！

二十六、不要给后代留钱

仕官而但知积金遗子孙，不过供不肖之浪荡，并其同气亦受其累，可胜慨叹。

（节录自光绪五年正月二十九日与宽勋同书）

译文 做官而且积累金钱留给子孙，不过提供给不肖子孙用来浪荡，并因为与他有亲属关系而被他连累，真是十分让人感叹啊。

感悟 美国微软公司创始人比尔·盖茨热心慈善，曾发起过“捐赠承诺”行动。行动倡议全美的亿万富翁宣誓，在有生之年或死后将自己的一半家产捐给慈善机构。此前退休时，他宣布将总市值百亿美元的个人资产悉数移交至“比尔和梅琳达·盖茨基金会”发展慈善事业，不会留给儿女一分一毫。他说：“遗产是一种愚蠢的东西！我不想留下遗产。孩子们要自己去找喜欢的工作，然后去上班挣钱。现在他们是普通的孩子，他们做家务，他们会有零花钱。”

而在我们中国，父母辛劳一生，无不是为了孩子，省吃俭用，把最好的一切都留给孩子。有人说，中国的父母才是最伟大的父母。像比尔·盖茨那样的人都不爱自己的孩子。

果真如此吗？留财产就是爱孩子，不留财产就是不爱孩子？

浙江宁海人小陈是典型的“拆二代”——家里房子拆迁，分到不少钱。所以小陈结婚后，仍然整日“宅”在家里，打游戏度日。妻子小林受不了了，多次劝说无效后，上法院起诉离婚。“父母有钱，有条件可以这样做，有什么不可以呢?”小陈觉得自己根本没错。小陈的母亲也坐不住了：“我儿子只是打打游戏而已。我们可以供他的。”很明显，新闻中的妻子小林受不了丈夫坐享其成、不思进取。整天打游戏为生的男人即使有钱，也没几个人会爱的。小陈父母用拆迁款供养儿子是爱孩子还是害孩子，明眼人一下就可以看得出来。

所以说，比尔·盖茨将财产捐赠出来才是明智之举，一为回报社会，二为让子女奋发努力，不躺在前人的财产堆上丧失拼搏精神。前世界首富的想法和左宗棠是一致的。左宗棠也认为，做官积累金钱留给子孙，不过提供给不肖子孙用来浪荡，有害无益。

无独有偶。汉代三杰之一的萧何，位居宰相，但他买田建宅的时候却一定要找穷困偏僻的地方，治家也不修建有院墙的房屋。他说：子孙如果贤德，会学我的俭朴；如果不贤，也会被人夺去田产。晚清的民族英雄林则徐也说过相似的一段话：“儿孙贤过我，留钱做什么？儿孙不如我，留钱做什么?”

曾国藩对此也十分推崇。他认为保持家道兴盛最重要的一条，就是不给子孙留下大笔金银遗产。他说：“仕宦之家不蓄积银钱，使子弟自觉一无可恃，一日不勤则将有饥寒之患，则子弟渐渐勤劳，知谋所以自立。”

现在富裕人家的孩子，因金钱而丧失斗志、倦怠懒惰的比比皆是。“富二代”这个贬义词的出现已经很能说明问题了。他们挥金如土，驾着豪车撞人，其嚣张跋扈、无法无天令人愤恨。

草菅人命的或许只是个例，但我们班上胡乱用钱的孩子不在少数。小雪过生日时，小金不光送了蛋糕、巧克力，还有一块1600多元的手表！更不要说平时乱倒饭菜、水果不吃完随便扔掉的浪费行为。因为父母有钱，孩子们便感觉不到赚钱的艰辛，用起钱来大手大脚,培养出骄奢淫逸的习惯。偶尔天热,学校没有开空调,他们就受不了。我不敢想象,这样的孩子,要他们挤公交、租房子、做普通工作、拿普通工资,他们该如何生活?笔者好几次班会上语重心长地和孩子说:“我最担心的是,你们大学毕业时拿的工资还没有你们现在一个月用的多。起点高不是好事,由俭入奢易,由奢入俭难。改一改大手大脚花钱的习惯,你们以后会幸福很多。”

我们的家长呢?最好能注意培养孩子的节俭意识,即使有钱也不要让孩子知道,一定要让他们觉得必须奋斗才能有好日子过。如果孩子知道了,也诚恳地告诉他:“从社会上赚取的钱是要回报社会的,我不会留给你。”

李瑞环同志就立下遗嘱要把自己的所有财产捐献出来资助贫困学生,不给自己的子孙留下一点的财产。他不给子孙留下财产,不仅为避免让子孙坐享遗产,沉迷享乐,而且是鼓励子孙要自食其力,艰苦奋斗,养成独立进取的可贵精神。李瑞环同志没有给子孙留下金钱,但是却给子孙留下宝贵的精神财富。

所以说,我们要学习伟人,不给子孙留金钱,要留就留下精神财富吧!

二十七、教你怎样写作文

多读书则义理不隔，肯用心则题蕴毕宣，而又于“法”、“脉”两字细细推寻，多求其合，乃可望有长进。

（节录自光绪六年六月一日与孝同书）

译文 多读书就不会和经义名理（其实就是学问道理）有间隔；肯用心的话，文章蕴含的意义全部会显示出来的。如果对于写作的方法和思路能细细推敲，将二者能尽可能融合在一起，那你的水平是一定会有所长进的。

感悟 这则家训，左大人告诉孝同，阅读和写作是密切联系的。确实，喜欢读书的孩子一般都不惧怕写作文。

培养孩子读书的兴趣需要诱惑，培养写作的兴趣更需要诱惑和鼓励。写作本不是一件轻松的事，趴在桌前写字或面对电脑打字都不轻松。可是喜爱写作的人还是不少。

笔者学生时代喜欢写作文，是因为常常得到老师和爸爸的表扬。后来自己记日记，是因为它可以帮助我排解烦恼。再后来，把生活中美的发现和人生思考记下来成了一种习惯，“偶著文章自娱”加上“以诗文会友”“以文章平胸中块垒”，写作成了生活的一种必需。用流畅贴切的文字表达自己的思想感情时，我是快乐的。

写作激情来源于表达的愿望，这种表达首先应该是真实的、自然的。没有那么多条条框框的限制，怎么想的就怎么写，不端起架子来说空话，也不歪曲事实说空话。

如果我们的孩子能真实表达、自由表达自己看到的、想到的东西，他们即使不能爱上写作，最起码不会厌烦作文、害怕作文。当代著名学者、北大中文系教授钱理群先生认为，说与写能力的训练，首先还是要培育一个态度，即要真诚地表达自己真实的思想与情感。这是写好作文的前提。

如果有了良好的开端：你的孩子面对一个作文题，能认真思考、去生活中寻找素材，而不是胡编乱造，接下来只需要多读、多思、多写就能写好作文了。

多读。左宗棠说“多读书则义理不隔”，杜甫说“读书破万卷，下笔如有神”，其他人还说“书读百遍，其义自现”“熟读唐诗三百首，不会作诗也会吟”。讲的都是多读书的好处和阅读对作文的作用。是不是读得多了，自然就会写了呢？这还真不一定。“肯用心的话，文章蕴含的意义全部会显示出来的”。读书要用心，如果孩子读书时只追求故事情节，从不关注文章的谋篇布局、语言情感，读得再多也写不出像样的东西。读书也分会读不会读。有的孩子就像猪八戒吃西瓜，一味生吞活剥，压根不能静下心细细品味，怎么能领略文章辞藻之美，并迁移到写作上呢？

多思。也有些孩子小学时作文还是不错的：语言流畅、结构清晰，还有些优美的语句。可是到了初中就不行了，写出来的东西还和小学差不多。这是因为缺少观察和思考的习惯，多思也包括多观察。班级的每个孩子，都是不一样的。他们长的样子、说话的声音神态、走路的动作、性格脾气都各有特色，可是在不善于观察的孩子眼里，老师、同学一个样，没什么不同。这样写出的文章就生硬死板了。除了观察还要思考。生活中每天都在发生大大小小的事件，报纸上、电视上更是信息多到泛滥，如果觉得没什么可写的，只能是不观察、不思考的结果。经常动脑筋思考问题的孩子写作文也有深度。

多写。写作文必须多练习。一开始的时候可能觉得没得可写，或者不知道要怎么写，那没关系。即使是平淡的一天，也最好让你的孩子把它记录下来。练多了，自然有手感了。要培养孩子写日记的习惯，培养孩子记录“灵感笔记”的习惯——随身带着小本子，把想到的记录下来，把看到的也描写记录下来，作为资料积累。久而久之，就会下笔千言、文思泉涌了。

以上所讲都是作文的根本。笔者一直反对作文技巧的教授，像杨振宁、季羡林等大家都不是作家，他们的文章并无多少技法可讲。写耳闻目睹之事，诉心中真情实感，自能吸引人、打动人。如果对中小学生多讲作文的技法，写出来的文章必然失去了灵动之美，添了些匠气。

不讲技法，那中高考怎么办呢？亲爱的家长，您不用担心，有了一定的积累，经过考前的突击训练，最多一学期，孩子即可考试无忧。这些得分的技巧老师都会教的。

二十八、读不好书的几个原因

尔辈少小，未尝用心读书，就天分而论，尔优于勋。然自汝兄亡后，家事分心，又不肯就师肄业，致所学旋荒，诗文不进且日退矣。付呈课文与诗均不见思路笔路，且语句亦多疵颣，肤庸浅滑，下笔满纸。盖由平时于义理少研求，惟揣摩时文腔调，以致于此。……入居节署，读书最乐，勉之，时不可失也。

（节录自光绪六年七月二十日与孝同书）

译文 你们这些小辈小时候，没有用心读书，就天分来说，你比宽勋好。然而在你哥哥去世后，家事分了你的心，又不肯拜老师学习，导致所学习的知识荒废，诗文不精进而且每日倒退。你呈上的课文和诗都看不到思路笔路，而且词句大多有瑕疵，庸俗肤浅，下笔潦草，随意涂改。大概是由于平时对于文章的含义和观点研究太少，只揣摩当下流行文章的腔调，才导致于此。……入住到官衙，读书最为快乐，以此自勉，时间不可以荒废啊。

感悟 智力正常的孩子，如果读不好书，原因是多方面的。下面我们就由左宗棠的分析拓展开来，深入探讨一下这个问题。

首先是不用心。书籍是用无数心血浇筑成的精神世界，尤其是经过岁月洗礼沉淀下来、流传下来的经典。读书，就是穿越时空和先贤哲人的对话。它可以开启无数个纬度空间，让思想纵横捭阖，通向伟大的心灵。在这个世界里，有孔子的博大精深、睿智思辨，欧阳修的轻松幽默、开合自如，范仲淹的博大豁达、质朴隽永……用心读书就是心与心的交流和碰撞。不用心读书的孩子，不能体会语言文字之美，却诅咒白居易的《长恨歌》太长；不用心读书的孩子，身在教室，思维却飞出了窗外；不用心读书的孩子，周围一点点风吹草动就能让他左顾右盼……

怎样让孩子用心读书呢？首先要明确读书的目的。现在好多家长教育孩子读书就是为了考个好大学、找个好工作，孩子就会认为如果做生意比到公司为老板打工赚得多就没有必要读书了。简单地说吧，读书可以明理、怡情、修身、休闲，这些比起赚钱更能让人幸福。其次，全身心投入学习、融入其中的感觉，就像你喜欢的游戏或电影，能让你忘记自我的事。去感受书中的不一样的乐趣，体会书中的东西，让自己的心打开，然后和你要做的事融合起来。投入学习的孩子会主动和你探讨学习的方法。

其次是不专心。左宗棠的儿子孝同是因为家事分心。这一点我们的家长一定深有体会：工作之外还要考虑一日三餐，洗衣打扫卫生，就不能专心读书了。我们的孩子呢？还在考前复习阶段，就想着寒假去哪里玩，要穿什么样的衣服，弄个什么样的发型。在家写作业，手机放身边，不时接个电话、回个短信，更有甚者还开着电脑或电视。这些都是很不好的习惯，希望我们的家长尽量保证孩子学习时有安静的环境，少一些外界的诱惑。

第三是不肯拜老师学习。现在的孩子都在学校读书，不存在不拜师的问题。但却存在不佩服老师，不想好好听课的问题。有些学生，比较情绪化，最喜欢把老师进行比较。这个老师凶不喜欢，那个老师啰嗦不喜欢，还有作业多的也不喜欢。当孩子在家里和你念叨这些的时候，你一定要小心了。我以前的学生小欣，初一初二时，特别喜欢数学老师。这位老师很能和小女生聊到一块，也有耐心，从零食聊到明星，不亦乐乎。后来初三换了个男老师，比较凶，作业也多，她就接受不了啦！老师批评她，她干脆不听课。慢慢地，大部分学生开始适应老师严厉的风格，她依然固执地不听劝解，直到数学考到不及格才醒悟过来。妈妈又找老师给她补课，终于没吃大亏。孩子进入初中，要一下适应很多不同风格的老师，确实不容易。其实，这一点家长平时就要引导，没有十全十美的人，同学相处，如果孩子能尽量欣赏同学的优点，对老师也基本能这样。"亲其师，信其道"。将来处世，应该也有容人之量和欣赏他人的美德。

最后是未能选择有益的书。读书是应该有选择的，笔者一直反对孩子读流行书。前段时间莫言得了诺贝尔文学奖，学校晨会上马上介绍莫言，并建议孩子去读。下午的班会上，我更详细地介绍了莫言及其作品。孩子问我要不要都读时，我说不建议，因为没有一定鉴赏能力的初中生只适合读莫言的散文和中短篇小说，像《丰乳肥臀》等有色情内容且有些低俗描写的长篇小说不适合读。

不读流行读经典，那怎样帮助孩子选择一些有益的书呢？最简单的就是名著。但是初中生必读名著篇目中有些并不适合学生读，《培根随笔》《名人传》等学生就很难读进去。因此，八年级寒假，我用林语堂的《苏东坡传》替换掉《名人传》。也许有家长说，考试怎么办呢？像这样应付考试的方法，语文老师有的是，所以完全不必硬塞一本孩子读不进去的书，败了他的兴。

反过来总结一下，要让孩子好好读书，用心、专心、信服老师、选择好书很重要。愿你和孩子享受到读书之乐。

严复家书

严复(1854—1921年),初名传初,改名宗光,字又陵,后名复,字几道,晚号野老人。中国近代启蒙思想家、翻译家。

严复早年留学英国,回国后致力于洋务教育。他提倡“德、智、体”三育并重,提高国民素质。

严复系统地将西方的社会学、政治学、政治经济学、哲学和自然科学介绍到中国。他最著名的译作包括《天演论》《原富》《群学肄言》《穆勒名学》等,合称“严译名著八种”。严复的译著在当时影响巨大,是中国20世纪最重要的启蒙译著。他提出的“信、达、雅”的翻译标准对后世的翻译工作产生深远影响。

严复生有九个子女。由于受到西方文化的影响,严复对子女的教育态度非常开通,强调孩子的全面发展与健康发展。这从他的家书中可见一斑。

一、好男儿志在四方

吾儿初次出门就学，远离亲爱，难免离索之苦，吾与汝母亲皆极关怀；但以男儿生世，弧矢四方，早晚总须离家入世，故令儿就学唐山耳。尚幸有鋆哥一家在彼，而伯曜、季炽兄弟又系世交熟人，当不至如何索寞。

（节录自1918年9月11日与四子严璿书）

译文 我儿初次出门上学，远离亲人，难免有离别相思的愁苦，我和你母亲都对你极为关心；但男儿生在世上，志在四方，早晚总要离开家进入社会，所以让你到唐山上学。幸好有哥哥一家在那儿，而且伯曜、季炽兄弟又是世交熟人，应当不至于多么孤独寂寞。

感悟 “好男儿志在四方/勇往直前不怕风和浪/我要带着那梦想去远航/乘风破浪驶向成功彼岸”。这是一首歌曲的歌词，词写得很大气，也很实在。好男儿志在四方，带着一颗男子汉的心，毫不畏惧地去迎接未知的明天，乘风破浪，实现理想。

正是怀着这样的期盼，严复将四子严璿送往唐山求学。虽心怀不舍，但“父母之爱子则为之计深远”，为了让孩子成长得更快，和很多父母一样，严复选择了放飞。

看过这样一个故事：从前有个人，他养了一只鹰，后来这只鹰逃走了。几天后，他在山上发现了鹰的尸体。主人想不出为什么鹰会无缘无故地死了，在林场老人的指引下他剖开鹰腹，才恍然大悟。原来鹰在笼中，养尊处优，竟失却了猎食的能力，如今腹中空空如也，活活饿死了。孩子是一群终究要离开笼子的鹰。为人父母，无论有多少不舍和牵挂，都要学会放手，从小培养孩子自立的能力，让孩子能自由飞翔、独立生存，否则孩子就会缺乏自食其力的能力，无法立足社会。

燕雀因为依赖屋檐的庇佑，不能搏击风雨，无法领略大千世界的美好；鸿鹄因为志在千里，才能领略蓝天的辽阔和草原的苍茫；孩子只有离开父母的怀抱，才能迅速成长、真正独立。在孩子年龄稍大的高中、大学期间，鼓励他外出求学有很多好处。

首先，可以锻炼孩子的生活自理能力。这不仅是铺床叠被、洗衣服，还包括乘车、购票，融入同学圈子，和老师相处。生活中的所有问题都学着自己解决。

其次，可以开阔视野、增长见识。不同的地方有不同的风土人情，这些人生经历就是财富。因为外婆家离我家有一百多公里，笔者小时候就见识得比小伙伴多，比一般的女孩都胆大、独立。这些性格，和我以后的经历有很大关系。

因为母亲的支持，徐霞客开始了对祖国万里河山的游历。他30多年不避寒暑，不畏艰险，靠两条腿考察了华东、华北、东南沿海、西南云贵等17个省区。徐霞客对大半个中国的地理、水文、地质、动植物，特别是有关我国石灰岩地貌作了数百万字的游记记录，成为我国历史上一位杰出的地理学家和旅行家。

因为外出到檀香山求学，孙中山的视野更开阔、心智得以开张。他的生活情趣、价值观念、思维方式等都在潜移默化，使他把所学的西方社会知识和自己亲身经历的体验，融合为观察、思考祖国命运的新的价值标准，生发出救世济人的崇高理想。

因为在法国艰苦的求学和做工经历，邓小平的思想发生了很大变化。他进一步探索国家的前途和个人的出路，一步一步地走向马克思主义；他两度辍学，先后从事数不清的纯体力劳动，磨练出坚强的意志，使他经历几度沉浮和“文革”时期的三上三下，都能淡然面对，坚强挺过；留学经历最终使邓小平具有开放的眼光，为他成为中国改革开放的设计师奠定了视野基调。

他们的父母都清楚地知道“好男儿志在四方”，都鼓励孩子外出闯荡求学。正是因为外出求学，徐霞客、孙中山、邓小平等伟人才能站得更高、走得更远。

所以说，明智的父母不要让孩子在自己的翅膀下成长，是雏鹰就要展翅高翔搏击风浪。如果你舍不得孩子离开自己，孩子最后除了听父母的话，什么主意也没有。他的事业、婚姻要你操心，他有了孩子还要你操心。直到离开人世你都闭不上眼睛，担心着还没有“长大”的孩子，更别说希望他成就一番事业了。

二、不必太在意考试成绩

我们既入学校，而国文分数，又有升班关系，自不得不勉强从俗，播弄些新名词之类，依教员所言，缴卷塞责；至于真讲文字，固又是一宗事，后来从汝所好为之，不关今日之事也。孟子云，“鲁人猎较，孔子亦猎较”。正是此意。夫孔子尚有时随俗，况吾辈乎？考试原求及格，但人事专尽之后，即亦不必过于认真，转生病痛。总之，为学须有优游自得之趣，用力既久，自然成熟，一时高低毁誉，不足关怀也。吾离京时，家中人口自汝母以下，大都平安，勿庸远挂。南行后得暇自当有信与儿。年节放学虽短，尚可到家数日，以慰家人悬念之意。若天太冷，无伴同行，则亦不必耳。

（节录自 1918 年 11 月 8 日与四子严璿书）

译文 我们既然进入了学校，而且语文分数，又关系着年级的上升，自然不得不勉强依照世俗，播弄一些新名词之类的，依照教员所说的，缴卷了事；至于真讲习文字，那又是另外一件事，后来依照你所喜欢的去做，和我今天和你所说的又不相关了。孟子说，“鲁国人打猎，孔子也打猎”。正是这个意思。孔子尚且有时随从世俗，何况我们呢？考试的原意只是求得合格，只要专心尽力以后，就不必太认真了，太认真反而会做不好事而使自己生病痛苦。

总之，求学应该有自得的乐趣，用力时间长了，自然就会成功。至于一时间里别人评论高低、说好道坏，是不值得在意的。我离开京城时，家中人从你的母亲往下，大都平安，不需要过多挂念。南行后得到闲暇自当寄信给我儿子。春节放假时间虽然短，也可以到家几天，来宽慰家人对你的挂念。如果天气太寒冷，没有同伴同行，那么就不必回来了。

感悟 在这一封家书中，严复以诚挚的亲情和感人肺腑的语言，劝慰晚辈对考试不必太过较真，只要“专心尽力”就可以了。因为求学“须有优游自得之趣，用力既久，自然成熟”。对于学校的国文教学，作者似有些不满，认为有些教员喜欢“播弄些新名词”，建议儿子只要“依教员所言，缴卷塞责”求一及格即可。这也是如孔夫子般的随俗之举。

“分不在高，及格就行”，是现行教育体制下，很多大学生的心声。大学教育能教给孩子多少有用的东西，也实在值得怀疑。而如今中小学生的父母则大都望子成龙、望女成凤心切，孩子考90多分尚不满足，要求考95分以上、要求小学生考双百分的家长也大有人在。孩子考得好便喜形于色，乐为人道，给孩子庆功，进行物质奖励；孩子考得不好，脸便拉得老长，羞为人言，斥责孩子，甚至棍棒伺候。孩子呢，成了挣分的机器，心理压力大，身体受摧残，“自得之趣”从何而来？

其实，也怨不得家长和老师。应试教育的问题在于我们的考试制度和用人机制还存在不少问题。然而，我们的家长和学子应清醒地认识到：要学有成就，必须专心尽力，不在意他人一时的毁誉，持之以恒地、积极主动地学习，自会取得成功。

从教二十年，笔者接触的家长不少，简单地分为三类：不关心孩子学习的，关心孩子成绩的，关心孩子状态的。我最欣赏的是第三种，最头疼的是第一种。

小菲的妈妈就是关心孩子状态的第三种。她是一位主任医师，但是三年的时间，我没见她为小菲的学习着过急，是不是不关心呢？不是，她隔段时间就会打电话或到我办公室来问问孩子的状况。她一般会问："小菲上课注意力集中吗？""作业写得是否认真，正确率怎样？""和老师同学相处怎样？"

小菲是个害羞的女孩，学习很自觉，成绩还不错，如果一定要说缺点就是常忘了做值日。她妈妈听了很重视，坚决要求她做好值日再回家，还说如果再有这种现象一定通知她。后来有一次，她又忘了，我打电话过去，妈妈竟然让小菲返回学校打扫卫生。

一开始，我对家长的这种做法并不特别理解。家长说，这是培养她的责任意识。果然，以后小菲再没忘记过值日，而且放学回家都会先煮饭、后写作业。等到父母到家，她的作业也基本完成了。然后妈妈炒菜，她打下手。晚饭后，小菲和妈妈都到书房里去读书。小菲喜欢"几个老头子的书"——古龙、金庸、梁羽生。这类武侠小说读起来其实需要很多时间，妈妈却不反对，还让她写博客、发评论。孩子的文字功夫渐渐超出了同龄人，为人处世也体现出超出同龄人的稳重与谦和。她特别喜欢《倚天屠龙记》中的张无忌。每每说起这些，我算是她的知音。初中时的武侠小说、师范时的琼瑶，给了我不少文学滋养。他们的武侠小说情节离奇曲折，笔法老练，通俗流畅，里面充满爱憎分明的感情，很吸引人；琼瑶的小说描写细腻，情感真挚，化用了很多古典诗词，营造出朦胧凄凉之美。就是在她的影响下，我开始读《诗经》《宋词》和朦胧诗，并且自己学着写。有些家长可能担心孩子沉溺于读小说不能自拔。肯定会有这样的孩子，这是自制力的问题；但是一个没有自制力的孩子,你不让他看武侠小说,他也会被游戏、校园小说甚至三国杀迷住。

到了初三,小菲果然不看武侠小说了,因为知道要想留在学校上高中自然要努力。如愿以偿升入高中的小菲仍然爱看课外书,而且范围更广,这次《孟子》《庄子》《荀子》也放进书包了。不时地她还会来找我,聊一聊我喜欢的孟子。我让她把写的东西带给我看,她拿来个U盘,写的不仅有作文、评论,还有小说、诗歌。虽不是篇篇经典,但字里行间流露出的对书籍的热爱深深打动了我。

苏霍姆林斯基说:“30年的经验使我深信,学生的智力发展取决于良好的阅读能力。”“缺乏阅读能力,将会阻碍和抑制脑的极其细微的连接性纤维的可塑性,使它们不能顺利地保证神经元之间的联系。谁不善于阅读,他就不善于思考。”这个善于阅读的孩子果然没有让人失望,考上了上海交通大学的医学院。我相信,她的将来会发展得很好,因为她拥有了成功宝典:阅读。

阅读之于小菲,无异于插上了翅膀。她有一个智慧的母亲,不在意一时成绩的好坏,给了她成长更多的自由和后劲。阅读之于成长,是智慧的水分和阳光。当孩子在学习中得到了乐趣时,用力时间长了,自然就会成功。俗话说,“万事功到自然成”。

另外补充一点,作为一个语文老师,我非常赞同严复先生的意见,“学语文不是学语文课本”。要学好语文,必须要大量阅读,“多读多写”是秘诀。笔者学生时代,遇到一位很离谱的老师,多次读错别字,“五卅惨案”非读成“五川惨案”。我只能自学语文课本,自己看完课本就看课外书,语文成绩照样名列前茅。

三、青春作伴好读书

俗谚有云：日日行，不怕千万里。……且此事（读书）必须三十以前为之，四十以后，虽做亦无用，因人事日烦，记忆力渐减。吾五十以还，看书亦复不少，然今日脑中，岂有几微存在？其存在者，依然是少壮所治之书。

（节录自 1919 年 11 月 2 日与三子严琥书）

译文 俗话说：每日走路，不怕千里万里。……而且读书这件事必须在三十岁之前做，四十岁之后即使做也没有用，因为人事日渐繁杂，记忆力渐渐减弱。我五十岁以来，看书仍然不少，然而今天脑海中，难道还存在多少？其中存在的，依然是少壮时期所读的书。

感悟 看到严复的这段家书，使人想到了徐渭的一副对联。

徐渭，字文长，号青藤，是明朝中期一位多才多艺的文人。据说，他居住在绍兴城里青藤书屋的时候，有一位富裕人家的子弟曾向他请教求学之道。徐渭不假思索，写了一副怪联送给他：“好读书，不好读书；好读书，不好读书。”那位富家子弟读后莫名其妙。其实，这是一副同字异读联，应该读成：“好（hǎo）读书，不好（hào）读书；好（hào）读书，不好（hǎo）读书。”意思有两层：一是说年轻的时候，眼神好，精力旺盛，可以好好读书，却不喜欢读书，荒废了青春；等到上了年纪了，懂得了读书的好处了，想用心读书了，但已经老眼昏花，体力不支，不可能好好读书了。另一层意思是，家庭条件好，可以好好读书，但富家子弟却多不喜欢读书；而许多家境贫寒的青年想读书，却没有条件读书。不管是哪层意思，徐渭的联语都是劝人珍惜大好时光，多读书，认真读书。

严复先生在这封家书中也劝诫三子严琥抓紧青春时光好好读书。在他看来，记忆力在 30 岁后就开始衰退，只有青少年时代读的书能长久地记住。差不多是这样，有科学报告指出，人的记忆力以 27 岁为分水岭，之后开始下滑。家长们也一定深有体会，随着年龄的增加，自己开始忘事了。不过，这一点，随着时代的发展，现代人健康状况良好，记忆力衰退现象表现已经不甚明显，我们更加提倡“活到老、学到老”的想法和做法。只是面对孩子，当然要劝诫他们在青少年时期好好读书。

无论是严复的孩子还是我们的孩子，家庭条件都不错，可以好好读书。而在笔者的老家，常常有孩子因家境贫困不能如愿读书或读得很辛苦。最近，笔者曾遇到远房侄儿，问他过得可好。他说：“我又能怎样？还不是在外打工做漆活。”接着又介绍了他的妻子、儿子。“这小子倒是蛮机灵的，以后只要他想读书，我一定挣钱供他。”想来，他在北京打工做漆活，明知对身体有害，还是坚持着，大概是因为工资比较高，可以让自己的孩子多读书吧。

在一些小城镇，因为没钱而不上高中、不上大学的学生很多。小海就是其中之一。小海不仅智力超群，而且勤奋踏实，整个初中阶段都是名列第一且遥遥领先。有一次周一早上，他没有交作业。笔者找到他，怒气冲冲地问：“你怎么回事？周末玩疯了吧？半个小时就能完成的作业一个字也没有写？”他先没有说话，看我一直盯着他，不得不开口了：“老师，周末家里很忙。爸爸妈妈在外面打工，奶奶老了，我要和弟弟栽油菜。这个星期再不栽就迟了。”他低下头，两只手下意识地摸来摸去。这哪里是一双 12 岁孩子的手？

又脏又粗，手背上皴了；这分明又是一双孩子的手，冰冷的、小小的手被我握得动弹不得。高二时，小海最终不得不中断学业，来到省城打工。他告诉过我，自己比起高中时好多了，能吃饱穿暖了。打工之余还在参加自学考试，一定不让老师失望。笔者的家乡并不算贫困，都有这么多孩子不能继续学业，更何况同一蓝天下那些贫困山区的孩子呢？看到我们的孩子懒洋洋地不想读书的样子，讲这些故事给他们听吧，可能能让他们有所触动。

春有百花秋有月，夏有凉风冬有雪，心中若无烦恼事，便是读书好时节。岁月不留情，时光催人老，时间在你努力的时候，是你最好的朋友，但在你等待、疏懒的时候，它却成为扼杀你的凶手。

"总是等到考试以后，才发现该看的书都没有看，作业也只是做了一点点……"我的耳边又想起《童年》的歌谣。"一寸光阴一寸金，寸金难买寸光阴""少壮不努力，老大徒伤悲"，珍惜时间好好读书，不要把悔恨留给将来。

四、读万卷书，行万里路

前得儿书，知在唐校用功，勤而有恒，大慰大慰！学问之道，水到渠成，但不间断，时至自见，虽英文未精，不必着急也。所云暑假欲游西湖一节，虽不无小费，然吾意甚以为然。大抵少年能以旅行观览山水名胜为乐，乃极佳事，因此中不但怡神遣日，且能增进许多阅历学问，激发多少志气……则身游其地，有慨想凭吊之思，亦有经略济时之意与之俱起，此游之所以有益也。

（节录自 1921 年 1 月 14 日与四子严璿书）

译文 之前收到你的信，知道你在唐山的学校里用功，勤奋而且有恒心，十分让我宽慰啊！学问的道路，水到渠成，但不可间断，时间到了自己就看到了，即使英文还没精通，也不必着急。所说暑假想去西湖游玩的事，即使花费不小，然而我觉得也很不错。大概少年能凭借旅游观览山水名胜为乐，乃是极好的事，因为这里面不但怡悦心神、消遣时光，而且能增进许多阅历学问，激发许多志气。……就亲身游历那里，有感慨凭吊的想法，也有谋划救济的想法和它同时出现，所以这游玩对你有好处。

感悟 此文节选自严复回复在唐山路矿学校求学的儿子的书信。其子来信说“暑假欲游西湖”，他便回书讲了上面那些游览的益处和怎样游览才更有意义的话，非常亲切中肯，今天读来仍具指导意义。

2012年，南京市中考作文题是这样的：暑假，我们可以放下课本，背起行囊，行走四方，过一种别样的生活——读一本自己想读的书，去自己想去的地方。努力实现“读万卷书，行万里路”的愿望。请以“带一本书去旅行”为题，写一篇作文。

考试结束，很多学生反映不好写。如果仅仅是写旅游见闻，我们的学生多少有些话题，可是，现在跟着旅行社出游大多是“上车睡觉，停车撒尿，下车拍照，回家睡觉，第二天一问什么都不知道”。有几个人有旅游带书的习惯呢？唉，可惜了！如果学生出门旅行时带上一本书——去成都带上《秋雨散文》，因为他写过《都江堰》；去湘西则买上本《品读湘西》，在湖光山色间寻找沈从文、翠翠，那中考成绩一定不同了。

对青少年来说，能够以游览山水名胜为乐事，这是很好的事情。因为游览不仅可以使人心情愉悦地度过假日，而且能够使人增加许多阅历学问，激发人的志气，更不用说司马迁写《史记》即得益于他遍游祖国山河的经历了。

不过，要使游览的兴趣浓厚，必须事先有一些知识的准备才好：一是历史知识，如所游之地有哪些历史名人的经历行踪，以及土地、物产、人情、风俗等方面的情况。有了这些知识，当你身临其境时，感慨和凭吊之情便油然而生。其次，要有一定的地理学知识，这样去游览山水胜景，才真是妙不可言。那一次，我和本校的地理老师一起出去参观，他给我讲了很多山川形胜的故事，感觉特别愉快。

古人提倡“读万卷书，行万里路”，是很有道理的。我们不能总把孩子关在屋子里学，还应该有计划、有准备地引导孩子们到大自然和社会中去游学。在游历中增长见识、陶冶情操、磨练意志和品质。我们熟悉的大诗人李白，一生都漫游在盛唐的路上，且走且读书、且走且写诗。

24岁时，李白决心要出川闯荡天下了。他说：“士生则桑弧蓬矢，射乎四方，故知大丈夫必有四方之志，乃仗剑去国，辞亲远游。”第二年春天，他又紧接着东出三峡，开始了一段漫游大唐的历程。长江走出三峡，流入楚地后，骤然开阔。他在渡过荆门时，以豪迈开阔的气象写下诗句：“山随平野尽，江入大荒流。”顺江而下，李白先是在金陵过了一段很惬意的生活，然后，于开元十四年(726年)的春天，来到扬州。此后，精力充沛的李白，足迹几乎走遍了长江中下游与黄河中下游的广大领域。

当代知名学者和作家余秋雨先生说：“我喜欢旅游，我的行程超过4万公里，从北京到中东到南亚。日本人说，到目前为止，在教授学者中，能走完这条路的，只有一个中国人。”一路走来，先生写下了《文化苦旅》《千年一叹》《行者无疆》等脍炙人口的作品。可以算是“读万卷书，行万里路，写万卷书”了。

应该说，“读万卷书”和“行万里路”是人生不可或缺的两个重要组成部分。我们的孩子只在书斋里、课堂上“读万卷书”，不“行万里路”，那就只能是纸上谈兵。只有把“读万卷书”和“行万里路”紧密结合起来，知识才能化为力量，书本才能变成财富。

五、做一个善良的人

长日不读书，闻但一味顽劣，顽劣犹可，千万不要暴戾，残忍暴戾，足以闯祸，残忍尤其不可。何谓残忍？即以他人他物之苦为汝之乐是也。

（节录自 1921 年 6 月 16 日与五子严玷书）

译文 很多天不去读书，听说你只是一味地顽皮捣乱。顽皮捣乱还算不得什么，但千万不要残忍和暴戾。残忍和暴戾是要闯祸的，残忍尤其要不得。什么叫残忍呢？就是把别人或其他东西的痛苦当做自己的快乐。

感悟 在严复看来，调皮、好玩是孩子的天性；但不能对孩子的任性纵容不加管教，尤其不能让这种任性发展到暴戾、残忍的程度。这种对孩子做人的重视是大有裨益的。

记得儿子小时候和笔者一起回老家。夏天，村子里的小朋友喜欢捉知了玩，玩得不耐烦时，就将翅膀扯掉，身子一分几半取乐。我赶紧制止他们，说：“这样太残忍了，把别人的痛苦当成自己的快乐。小孩子总是玩这样的游戏，就不善良了。”即使是小虫子，它们也是生命，也会疼啊！应该让孩子学会保护、同情小动物，做一个善良的人。

善良是一种重要的品质。毕淑敏在《寻觅优秀女人》中这样写道:“优秀的女人首要该是善良。之所以把善良排得惟此为大,是因为这个世界残酷太多。权力场、金钱场、情场、战场……到处弥漫着硝烟,到处流淌着血污。在温文尔雅的面纱下,潜伏着充满杀机的眼睛。优秀的女孩负有净化灵魂的使命,她们像明矾一样,使世界变得澄清。她们的血像油一般润滑了车轮,历史艰难地向前滚动。女人的善良是人类温情的源泉。”

善良的人用包容让他人看到自己的狭隘,用乐观让他人看到自己的消极,用自己的善良让他人更加有同情心、更加善解人意。

当前致力于青少年思想健康教育的李开复博士特别强调“同理心”,就是在人际交往过程中,能够体会他人的情绪和想法,理解他人的立场和感受,并站在他人的角度思考和处理问题的能力。这与美国教育家杜威说的“同情心”是一个概念。杜威认为同情心作为一种很好的品质,不单纯是一种情感;它是一种有素养的想象力,使我们能想到人类共同的事情,反抗那些无谓的、分裂人们的东西——当“同情心”成为孩子天性的一部分时,他就有了理解、善良和豁达。

怎样培养孩子的同情心,让他成为善良的人呢?

首先是家长的言传身教。看《甄嬛传》时笔者注意到甄嬛和端妃的一段对话。甄嬛说女儿温宜很可爱,“有她母亲的聪明样,只盼以后不要学母亲的刁滑才好”。端妃回答:“只怕难啦,看都看会了。”父母的言传身教真的很重要。例如,侄儿的孩子被小板凳绊了一跤,哇哇哭起来。侄儿拿过小板凳就狠狠地往地上摔,一边说“宝宝不哭,小板凳不好,我摔死它!”同样是孩子摔跤,一种做法是拿板凳出气,另一种做法是给小板凳揉揉疼。你说,哪种父母培养出来的孩子更有同情心?显而易见是后者,前者只能让孩子不管不顾别人的感受,认为只有自己的心情和事情才是最重要的,变得自私狭隘。

其次,家长和老师应该教孩子们学会换位思考。笔者有一段亲身经历:初一时遇到了一位冷酷、蛮横、心狠手辣的班主任。半年时间,班上的男生都被他打过,无一例外的,脸上留下了五个短粗的指印。没想到,很快比挨打更重的刑罚落到了我的身上。初二开学不久,他让当班长的我负责调班级的座位。调位子时我遇到了困难,去找他,他却不在。第二天一早,他走进班级,发现位子没有调,不问三七二十一就骂了我一顿,并且把我叫到办公室罚站了一上午。最后,他让我把书包拎到一张无人坐的破桌子上。小小的我不敢反抗,慢慢地收拾东西,从第二排走到最后一排,感觉中,那段路特别长,所有同学的目光都看着我……

讲这些给学生听,最主要是想告诉孩子们,自己在成长过程中也遇到过粗暴不讲理的老师,受过不公正待遇,感受过委屈和痛苦,以及心灵的摧残。因此,更会换位思考,力求做一个公正、热情、善良的老师,让他们在班级中感到安全、舒适、快乐。希望他们也会换位思考,做事情考虑他人的感受。

另外,要让孩子看到我们友善地对待他人。这个他人,首先是指另外的人。把身上的零钱给乞丐,而不要说什么骗子之类的话;送礼物给比自己穷的亲戚;宽容他人无意的伤害……这个他人也指我们的孩子,尽量耐心和善地和孩子讲话,哪怕他犯了错误也不要生硬地批评,而是要先耐心地听他讲。尤其是同学之间发生冲突时,一定要让孩子先想一想别人那样做有没有原因。

其实,善良是很难培养的,后天的教育只能让人不过于残忍罢了。“人之初,性本善”,孩子的心就像一面镜子,他反射的是父母和老师的光芒。善良的人,才是和世界摩擦最小的人,才容易成为幸福的人。

梁启超家书

梁启超(1873—1929年),字卓如,一字任甫,号任公,又号饮冰室主人等。梁启超是中国近代史上著名的政治活动家、启蒙思想家、学者和教育家。梁启超对中国近现代教育事业贡献颇大,与此同时,他的家庭教育也非常成功。

梁启超一生育有子女十五人,长大成人的九人,分别是思顺、思成、思永、思忠、思庄、思达、思懿、思宁、思礼。他们个个成才,其中梁思成、梁思永、梁思礼三人是中国科学院院士。一家三院士,这与梁启超对他们的教育培养有密切的关系。1898年至1928年的三十年间,梁启超先生写给子女的家书有上百封。20世纪20年代后,梁启超先后将思成、思永、思忠、思庄送往国外学习。梁父十分重视与海外子女们的交流,时常与他们书信往来。在这些书信中,我们看到的不是说教式的训话,而是亲切的交谈。先生以自己开明的思想、广博的学识引导子女,成了孩子们的成长导师和无话不谈的朋友。家书中表现出任公对子女们深深的关爱,以及兄弟姐妹间的亲情。

一、把孩子读书看作头等大事

吾意无论如何，必须俟汝听讲毕业，虽人事难知，或不及待，亦未可知，当念光阴难得，黾勉日进。

（节录自 1912 年 10 月 13 日致梁思顺书）

译文 我的意思是无论如何，必须等到你听讲毕业，即使人事难以知晓，有的人来不及等待，也不一定，应当想着时光难得，努力学习每日进步。

感悟 写此信时的梁启超，“连日应酬之繁如故”，家事也颇繁琐，但仍然下定决心，无论如何，也要等到孩子毕业。因为光阴难得，青少年时期，读书最为重要。

如今的社会，一方面是家长们从孩子上幼儿园开始的巨大的教育投资，另一方面是新的读书无用论的甚嚣尘上，重视还是不重视教育？笔者也有些茫然。

学习王安石的《伤仲永》时，我们进行过一个讨论：“假如方仲永生活在今天，那情形又会如何呢？”

学生们一致认为，方仲永的父亲再也不会“利其然，日扳仲永环谒于邑人，不使学”了。因为当今社会，所有的父母都把孩子的学习看成头等大事，唯恐自己的孩子输在起跑线上。于是从孩子生下来那天起，就计划好教孩子认汉字、学计算；等上了学，更是不遗余力，不仅要求各门功课全优，还要参加各种特长补习班，如音乐班、绘画班、舞蹈班、奥赛班、英语班。为了孩子的学习，父母可以说殚精竭虑、煞费苦心，晚上陪着写作业，周末陪着去各种补习班。如果方仲永生活在今天，相信他的父母也会像很多家长那样让方仲永努力学习。

那么，仲永就能成为人才了吗？非也！且不说，在那么多的培训班中，仲永写诗的才能很可能被扼杀。就算能一直写下去，又会如何呢？高考作文不允许写诗歌，这就决定了擅长写诗歌的方仲永不仅不能发挥他的特长，反而因为他的特长影响了他的语文成绩，从而影响了总成绩。最后方仲永这个人才还是被扼杀了。除非他放弃自己的爱好，回到应试教育的队伍中，成为现行教育体制的牺牲品。

上述种种行为，是把孩子读书看作头等大事吗？非也！仲永这样的神童尚且被父母用“爱的名义”扼杀，更何况我们普通的孩子呢？

梁启超重视孩子的学习，但他绝不把自己的意志强加给孩子。他注意引导孩子们对知识的兴趣，又十分尊重他们的个性和志愿。在日常生活中，他非常细微地掌握每人的特点，注意因材施教，对每个子女的前途都有周到的考虑和安排，并且反复征求孩子们的意见，直到他们满意为止。

最典型的例子是对次女思庄选择学校和专业的态度。当时他希望思庄在加拿大读大学，思庄未辜负父亲的希望，考上了加拿大著名的麦基尔大学。思庄入大学第二年该选专业了。梁启超考虑到现代生物学在当时的中国还是空白，很有发展前途，于是写信给她，希望她学这门专业。出于对父亲意见的尊重，思庄选择了生物学。但由于麦基尔大学的生物学教授课讲得不好，难以引起思庄对生物学的兴趣，她将这种苦恼告诉了思成。梁启超得知后，赶紧写信说：“庄庄：听见你二哥说你不大喜欢学生物学，既已如此，为什么不早对我说。凡学问最好是因自己性之所近，往往事半功倍。你离开我很久，你的思想感情近来发展方向我不知道。我所推荐的学科未必合你的意，你应该自己体察作主，用姐姐哥哥当顾问。不必泥定爹爹的话……我很怕因为我的话扰乱了你的治学真路，所以赶紧寄这封信。”后来，思庄听从了父亲的话而改学图书馆学，考入了美国哥伦比亚大学图书馆学院，最终成为一名图书馆专家。

把孩子读书看做头等大事，除了尊重孩子的个性志愿而周到安排外，还要不受新的“读书无用论”的影响。

加上“新的”二字，是因为在现阶段，由于“读书贵、就业难”，低起薪，遭遇经济“寒流”和其他各种原因和目的，社会上特别是大学生群体中流行了新“读书无用论”。这实际上指的是庞大的教育成本，置换来相对较低的回报，造成人们对读书的现实功效的一种否定与怀疑。受教育的高成本、高投入与严峻的就业现实存在较大差距，所学无处用，所用非所学，是造成此现象的普遍原因。

近几年，临近高考，常见报纸、电视上报道应届高三学生弃考的新闻，这些考生多是农村考生。在此严峻的就业形势下，上完大学也找不到好工作，就使得“读书无用论”思想在农村蔓延……从挣钱这一点来说，读书真的没多大用。你还把孩子读书当做头等大事吗？读书是件幸福的事，对处于积累期的年轻人更是这样。家长们不一定能看准若干年后社会的发展，而读书的意义就是让孩子具备基本的公民素质与生存技能。至于赚钱，劳体靠近或同酬本就是合理之事。脑力劳动者擅长读书、写文章、开发软件并不比体力劳动者砌墙、排下水管道高尚。如果孩子读了书却愿意从事体力劳动，你千万不要觉得掉价。只要能放平心态，他读的书一定能让他的人生更深厚一些。

所以说，无论社会怎样发展，还是要把孩子读书看成头等大事。好好读书，即使上了大学，不能找份好工作，也不要看轻了读书带给人的幸福感。

二、顺境是最大的敌人

孟子言:"生于忧患,死于安乐。"汝辈小小年纪,恰值此数年来无端度虚荣之岁月,真是此生一险运。

(节录自1916年2月8日致梁思顺书)

译文 孟子说:"忧患使人生存,安逸享乐使人败亡。"你小小年纪,正好在这几年来无端度过虚荣的岁月,真是这一生中的险运啊。

感悟 卧薪尝胆的故事相信大家都听过,说的是越王勾践忍辱负重,睡在柴房里,每天起来尝苦胆,最后东山再起,打倒吴王夫差的故事。今天我们不妨从另外一个角度来说说这个故事:

吴王夫差在战胜越王勾践后将越王勾践带到了吴国,让他每日喂马打扫,做一些下人的活,而自己却天天声色犬马,夜夜笙歌。就这样在舒适的环境中过了两年,夫差以为勾践真地归顺了自己,完全忘记了自己和勾践的世仇,将勾践放虎归山,最终导致勾践卷土重来,灭了吴国。

有人可能会问:吴王夫差是傻子吗?为什么放走自己的仇人?那是因为在那种花天酒地的环境中,他迷失了自己,丧失了警惕性,失去了对他人的防备。日子过得太舒适了!过得太逍遥了!

因而忘记了受尽屈辱的人是多么可怕,忘记了“君子复仇,十年不晚”,忘记了勾践是自己的敌人!

在现代生活中何尝不是这样?在舒适的环境下,无论是学习还是工作,效率都要大打折扣。科学验证,人在略微饥饿的环境下学习和工作效率是最高的,因为人在饥饿时,胃黏膜会产生一种名为“ghrelin”的激素,它会借助血液循环进入大脑,起到改善大脑功能的效果。所以说,人不能让自己太快活,要让自己时刻处于“饥饿”状态,这样才能前进。

温水煮青蛙时,青蛙压根不知道自己处在危险之中,于是它只能慢慢地失去抗争的力量,坐等死亡;而将青蛙放入滚烫的水中,它却会一跃而起。人也是一样,在舒适的环境中只会丧失掉自己的斗志,难以奋起反击;而在艰苦的环境中,人却会爆发出比平时更加强大的能量。

周文王被关在羑里,写了一部《周易》;孔子周游列国的路上被困在陈蔡,后来编了一部《春秋》;屈原遭到放逐,写了《离骚》;司马迁在牢狱之中,忍辱写下了《史记》……古时名人的成就大都在艰苦的环境下取得。俗话说得好,“嚼得草根,做得大事”,只有在逆境中,人们的心性才会被磨练,人们的灵感才会迸发,人们才会走向成功。

苏东坡这样说:“处贫贱易,处富贵难。安劳苦易,安闲散难。忍痛易,忍痒难。人能安闲散,耐富贵,忍痒,真有道之士也。”贫贱者的焦渴是处在幸福的入口之外,还有追求的目标,种种希望尚存。富贵者的厌倦则是面临着幸福的出口,繁华幻影已在身后破灭,前面只有目标丧失的茫然和清寂。这样比起来,东坡先生所言不差。亦如德国人尼采说的:“人生的幸运,就是保持轻度贫困。”

当私家车还不普及的时候,孩子们都是骑车或坐公交车上学,而现在如果让孩子天天骑车、走路,家长们都会心疼不已,抱怨连连吧。这就是顺境带给人的。设想一下那些娇生惯养的孩子们,倘若他们遇到一点点的挫折和坎坷,那他们那脆弱的小心灵不是一碰就碎了吗？

温室里的花朵，永远无法适应自然界的风霜雨雪；寒风中的树木，则会在磨难中愈练愈强，越长越壮。当困难来临时，习惯了顺境的人会一触即倒，而在逆境中成长的人则会战而胜之，一往无前！

对强者来说，逆境并不会成为你成功道路上的阻碍，反而会让你的光彩愈磨愈亮；顺境或许会成为你成功的障碍，它是披着羊皮的狼，是你最大的敌人！亲爱的家长，当心啊，我们的孩子太顺了，想办法给他一点困难吧！

三、天下兴亡，匹夫有责

人生在世，常要思报社会之恩，因自己地位做得一分是一分，便人人都有事可做了。

（节录自1919年12月2日致梁思顺书）

译文 人生在世，常常要思考报答社会的恩情，因为自己的地位能做一点是一点，那么人人便都有事可以做了。

感悟 梁启超经常勉励子女要做一名负责任的国民。1919年，他欧游归来前夕，在写给梁思顺的信中说："总要在社会上常常尽力，才不愧为我之爱儿。"1923年11月5日，他在写给梁思顺的信中，又写道："我常说天下事业无所谓大小，士大夫救济天下和农夫善治其十亩之田所成就一样。只要在自己责任内，尽自己力量做去，便是第一等人物……便是天地间堂堂地一个人。"

在梁启超看来，读书很重要的一个目的就是回报社会。中国古代读书人的目的是什么呢？《朱子治家格言》中说"读书志在圣贤"，读书的目的是准备做尧舜，学大禹王一样，建设国家。所以"为官心存君国"，古代人受的教育是读书做官，是为了报效国家。

是的，"天下兴亡，匹夫有责"。这句话原本是明朝末年著名儒者顾炎武的社会主张，出自《日知录·正始》："保天下者，匹夫之贱，与有责焉耳矣。"意思是说：民族的存亡，是每一个公民的责任。

“为中华之崛起而读书”是周恩来少年时期的铿锵誓言。一颗爱国心让他在人生的路上走得更远。因为爱国,楚国诗人屈原把满腔的热忱融于《离骚》之中,含恨而逝。因为爱国,宋朝爱国名将岳飞,背上的四个大字“精忠报国”,伴随着他走过了许多个戎马春秋。“人生自古谁无死,留取丹心照汗青”。文天祥这首《过零丁洋》至今还震撼着我们的爱国之心。清朝禁烟大臣林则徐在赶赴广州之前给他的老师留下了一句诗:“苟利国家生死以,岂因祸福避趋之。”

不惟这些伟人,当国难当头的时候,有多少仁人志士,为了祖国抛头颅洒热血!能青史留名的毕竟是少数,大多数人能做一点是一点。他们都知道“国家兴亡,匹夫有责”。

忽然想起张艺谋导演拍的《金陵十三钗》。在最后的关头,那些妓女也表现出崇高的民族气节,为了拯救女学生毅然赴宴,让人敬佩。寻常时候,人与人之间似乎看不出多大区别,到了生死瞬间,一个普通人表现出的民族大义让一个民族铭记。这样的人才能算是真正的人,大写的人!

有了深明大义的岳母的教育,才有了岳飞的“精忠报国”;有了梁启超的爱国主义教育,才有了梁氏满门的报国之心。梁启超的九个子女中,先后有七个曾到外国求学或工作。他们在国外都接受了高等教育,学贯中西,成为各行各业的专家学者,完全有条件进入西方上流社会,享受优厚的物质待遇。但是,他们中却无一人留居国外,都是学成后即刻回国,与祖国共忧患,与民族同呼吸。抗战期间,梁启超的长子、著名古建筑专家梁思成和夫人林徽因在四川过着清贫的生活,都疾病缠身,却仍然顽强地坚持在自己的工作岗位上。当时美国一些大学和博物馆都想聘请他们到美国工作,这对他们夫妇治病也大有好处。但是,他们却一一拒绝了。梁思成说:“我的祖国正在苦难中,我不能离开她,哪怕仅仅是暂时的。”

新中国成立后,梁启超的家人以极大的政治热情投身于新中国的建设事业，虽历尽磨难而无怨，以一腔热血报效祖国。他们全家人在梁启超夫人和长女梁思顺的主持下，将梁启超遗留下来的全部手稿都捐赠给北京图书馆，并把北戴河一座别墅献给了国家。1978年，梁启超的次女、著名的图书馆学专家梁思庄又代表全家将梁启超坐落在北京卧佛寺的陵园和几百株树木献给了国家。1981年，梁思庄组织在京的弟、妹集体自费回广东新会探望乡亲父老。他们带去了梁启超的亲笔字卷和战国编钟，赠送给广州和新会博物馆。至此，梁启超和他的子女们将他们所能献出的一切全部奉献给了祖国。

而我们今天的青年呢？家境稍好的高中毕业后留学，只要有能力留在国外的大部分都留下了，原因很简单，国外福利待遇好。人们啊，“我的中国心”在哪里？不爱自己的祖国，不爱自己的家乡，中国的前途在哪里？

好在还有感动中国人物李文波。他21岁毕业于中国海洋大学，当年入伍，3年后赴南沙永暑礁守礁。20多年来，他先后29次赴南沙执行守礁任务，累计守礁97个月，向联合国教科文组织和军内外气象部门提供水文气象数据140多万组，创造了国内守礁次数最多、时间最长、成果最丰的纪录，受到了联合国教科文组织的高度评价。感动中国组委会给他的《颁奖词》：20年坚守，你站成了一块礁石，任凭风吹浪打，却只能愧对青丝白发。你也有梦，可更知肩上的责任比天大。你的心中自有一片海，在那里，祖国的风帆从不曾落下。

但愿李文波能感动我们今天的家长和孩子，能让我们在“好好学习、考个好大学、找个好工作”之后，想到“回报社会”。因为，这真的不是和我们无关的事情。

龙应台在她的《野火集》中说过这样一段话：“孩子，你是否想过，你今天有自由和幸福，是因为在你之前，有人抗议过、奋斗过、争取过、牺牲过。如果你觉得别人的不幸与你无关，那么有一天不幸发生在你身上时，也没有人会在意。我相信，唯一安全的社会，是一个人人都愿意承担的社会，否则，我们都会在危险中、恐惧中苟活。”

只有人人都承担起责任，我们的社会才能安全。培养责任意识，应该从孩子抓起。因为“少年强则国强”！

四、挫折是个机会

人生之旅历途甚长，所争决不在一年半月，万不可因此着急失望，招精神上之萎畏。汝平生处境太顺，小挫折正磨练德性之好机会。

（节录自 1923 年 7 月 26 日致梁思成书）

译文 人生的旅途十分长，所争夺的不在一年半月，千万不可以因此着急失望，招致精神上的萎靡和畏缩。你平生处境太顺，小挫折正是磨练德性的好机会。

感悟 梁思成因车祸受伤，需要休养，故计划晚一年出国留学。梁启超怕儿子因此犹豫不快，故写此信劝慰。

梁启超身处社会动荡时代，一生历经多次重大国家变故，经历可谓沧桑坎坷。他深知“小挫折正磨练德性之好机会”，于是他就要求孩子们从小养成艰苦朴素的习惯，在逆境中磨练自己，不断提升自己的意志品质，并且以身作则，用自己崇高的道德品质为子女们树立了光辉的榜样。他曾经说过：“生当乱世，要吃得苦，才能站得住，一个人在物质上的享用，只要能维持生命便够了，至于快乐与否，全不是物质上可以支配。能在困苦中求得快活，才真是会打算盘哩。”在这种教育思想的影响下，子女们个个养成了一种艰苦奋斗、坚忍不拔的精神。

梁启超的次子梁思永学业有成，曾在美国哈佛大学攻读考古学和人类学。1930年学成回国时，正是中国战乱不断的时代。他在那种特别艰苦的条件下，长期坚持从事考古工作，曾主持山东章丘龙山镇等重要考古的发掘。梁启超的四女梁思宁，在南开大学读一年级时，因日军侵略而失学。她毅然怀着满腔的爱国热忱加入新四军，奔赴抗日前线。梁启超的幼子梁思礼，在5岁的时候，父亲梁启超就去世了。他17岁赴美求学，靠打工支持自己的学业并学成回国，后成为我国著名的火箭专家。

“自古英雄多磨难，从来纨绔少伟男”。虽然我们很多做家长的没有那么大的期待，只希望孩子健康快乐成长就好，但是生活不可能一帆风顺，我们要培养孩子乐观的精神和坚强的意志，当挫折到来时，能够战胜它。

当挫折到来时，该如何做呢?

1. 正视挫折。家长要指导孩子学会正视挫折，在现实生活中，不遭受挫折是不可能的，关键是对待挫折的态度。如果遇到挫折便心灰意冷，没有生活下去的勇气，那么，你的一生将会一无所成。

上初二年级的“豚鼠”同学因为没评上彩虹奖，很是消沉了一阵子。当时语文课正在教苏东坡的文章，语文老师就推荐他看了《苏东坡突围》:因为“乌台诗狱”苏东坡被贬黄州，他在黄州的生活状态，已被其写给李端叔的一封信描述得非常清楚。信中说:“得罪以来，深自闭塞，扁舟草履，放浪山水间，与樵渔杂处，往往为醉人所推骂，辄自喜渐不为人识。平生亲友，无一字见及，有书与之亦不答，自幸庶几免矣。”正是这种难言的孤独，使他彻底洗去了人生的喧闹。他在寂寞中反省过去，觉得自己以前最大的毛病是才华外露，缺少自知之明。艰苦的物质生活，又使他不得不亲自垦荒种地，体味着自然和生命的原始意味。这一切，使苏东坡经历了一次整体意义上的脱胎换骨，他，真正地成熟了——与古往今来许多大家一样，成熟于一场灾难之后。同样的，经过老师和家长的鼓励,“豚鼠”学会了正确地对待挫折,很快又积极起来。

2. 克服挫折。有了正确的思想,接下来便要有正确的解决问题的方法。遭到挫折以后,便要想方设法去克服它。学生遇到较多的是人际交往方面的挫折。小丽因为喜欢说她人坏话,闹得同学们都不和她玩了。班主任和她妈妈共同帮她分析,教她真诚做人、背后不论人是非的道理。她慢慢调整,现在成熟了很多,也有了几个伙伴。

3. 避开挫折。在可能的情况下,避开挫折是我们的一条较为理想的解决问题的方法,因为在这种情况下,我们不需要吃太多的苦便能够达到我们的目的。当今社会,成才不是一种模式,有经验的班主任会建议家长,让擅长英语,但数学学习有困难的孩子进入国际高中,避开高考的“折磨”,顺利考入国外的大学。

4. 从挫折中学到知识,吃一堑,长一智。不能从失败中学到知识的人是没有什么希望的,人不应当两次在同一个地方跌倒。对于在生活中遭到的挫折,我们要善于总结,以便从中学到一些经验,这才是我们要做到的,也是挫折带给我们的礼物。小希在做班长期间,认真负责,能力很强,但渐渐地,学生因她太爱发号施令而孤立了她。后来,我们和她沟通,孩子很聪明,改变了工作方式,更多用商量的口吻布置工作,不仅得到了大家的支持,还避免了工作中的失误。

当然,教给孩子面对挫折的方法固然重要,平时有意识地对孩子进行挫折教育也很必要。多给孩子讲讲那些身处逆境仍然自强不息、奋力拼搏的人的经历。适当创造一些逆境,比如做很难的题目、走很远的路,让孩子在逆境中学会忍耐,品尝战胜困难后的喜悦。这些都可以让孩子培养一种面对困难保持从容的心态,不至于遇到点小困难、小挫折就受不了,选择极端的办法。

当然,如果能乐观对待挫折,把它看成磨练意志、增长才干的机会就更好了。到那时,说不定你的孩子也会成为伟人呢!

五、如果我们的孩子不进学校

孟子说:"能与人规矩,不能使人巧。"凡学校所教与所学总不外规矩方面的事,若巧则离了学校方能发见。……中国先辈屡说要"读万卷书,行万里路"。

将来你学成之后,常常找机会转变自己的环境,扩大自己的眼界和胸次,到那时候或者天才会爆发出来,今尚非其时也。今在学校中只有把应学的规矩,尽量学足……这种工作乃为一生历程所必须经过的,而且有天才的人绝不会因此而阻抑他的天才,你千万别要对此而生厌倦,一厌倦即退步矣。至于将来能否大成,大成到怎么程度,当然还是以天才为之分限。

(节录自1927年2月16日致孩子们书)

译文 孟子说:"(能工巧匠)能教会人规矩法则,而不能教会人如何变得灵巧。"凡是学校所教与所学的不外乎规矩方面的事，而“巧”则是离开学校才能发现的。……中国的先哲们常说要“读万卷书，行万里路”。

将来你学成之后，要常常找机会转变自己的环境，扩大自己的眼界和胸襟，到那时候或者你的天才会爆发出来，如今还不到时候。如今在学校里只有把应当学习的规矩，尽量学足……这种工作乃是一生历程中所必须经过的，而且有天才的人绝不会因此而阻碍他的天才，你千万不要对此心生厌倦，一旦厌倦就会退步了。至于将来能否达成，达成到什么程度，当然还是以天才为之分限。

感悟 这是民国十六年梁启超写给子女们的信，此时儿子梁思成与林徽因就读于美国宾夕法尼亚大学。梁思成曾一度怀疑美国死板仿古的教学方法，担心自己学不到设计方法而成为画匠。梁启超写信教导他在学校好好学规矩。

孟子说：“能与人规矩，不能使人巧。”因为终日在师长指定的范围与条件内用功，没有自由发挥自己性灵的余地。学校教育也是这样，它能给孩子的是基础知识、求知的方法，若想在某领域内卓有建树，需要离开学校之后“读万卷书，行万里路”，扩大自己的眼界和胸怀。因此，即便是天才，学校的学习也是必须的。对一般人来说，在学校习得知识、能力、方法，“依着规矩可以无大过”。孩子年轻时，难免年轻气盛、自视过高，梁启超担心儿子虚度时光，再三叮嘱他“在学校中只有把应学的规矩，尽量学足”。

学校教育真的有这么重要吗？现行的学校教育广受批判，不如就让我们的孩子不去学校了。童话大王郑渊洁的儿子郑亚旗小学毕业后到 18 岁前就在家接受郑渊洁的私塾教育，18 岁后离家创业。现在他不是很成功地做了北京皮皮鲁总动员文化科技有限公司的 CEO 吗？

不过，稍有常识的人都知道郑亚旗只是特例。郑渊洁为儿子编写了 10 本童话式的“教材”，内容涉及数学、物理、化学、语文、哲学、法律、健康、自救等。还专门请了数位老师,结合正规教材对儿子授课。即便郑亚旗的教育是成功的,但我们既无郑渊洁的财力也无他的能力。

那么就像武汉的7对父母那样,将孩子从城市带到农村,让孩子们在一所废弃的小学内学习与生活,家长自己则当起老师教育孩子,可以吗?(据新华社报道,武汉7家庭称对现行教育体制失去信心,他们想远离城市的污染和喧嚣,保护孩子们的天性,尽可能地给他们自由,给他们一片没有污染的人文和自然环境,陪伴他们一起学习和成长。这些孩子不看电视、不玩电脑,诵读经典成为每天最重要的一堂课。7对家长中有老板和"海归",基本是妈妈带娃、爸爸养家,家长授课、闲时劳作。这样挺好吧?他们每年还会组织孩子到全国各地游学,参加各种社会活动。"孩子们比别的孩子拥有更多接触社会的机会,交流融入不是问题","至于高考,还没想过。如果可能,将来也许会去留学"。)

把孩子不在学校接受教育的两大问题(交流和求学)都考虑到了,应该可行吧?对这种尝试,专家如是说:就孩子成长而言,去学校接受规范性教育,仍是孩子必不可少的阶段和经历。因为家长的教育资质未经认定,孩子们又没有学籍,教学质量也无从评判。这种尝试具有风险性,将来会在升学、社会评价和认可等方面存在系列问题。所以,如果其他家长没有足够的心理学、教育学和社会学知识,就不能盲目效仿。

还是让孩子去学校吧!在学校中把应学的规矩学足。

学知识,努力做到融会贯通、举一反三、运用自如。我们可以充分利用在校的时间,还有那安静的环境、竞争的氛围和不错的师资来学。因为有多年自学的经验,笔者个人认为有老师和同学参与的学习效率更高、更有意思。一个人的自学真是对毅力的挑战,遇到困难无人请教,遇到问题无人探讨,很容易烦闷和倦怠。

学做人,坚守无私奉献、不计得失、荣辱与共。班级就是一个小社会。如果在6年或3年的学习中,你愿意为大家做事,不计较,有强烈的集体荣誉感，那么，走上工作岗位的你，也一定能和同事和谐相处。

学做事，秉持认真踏实、卓有成效、圆满成功。中高考前复习阶段的学习还是很折磨人的。如果你不仅能熬得住，而且能总结经验教训，让复习卓有成效、圆满成功，那你在以后的工作中也能耐得住寂寞，经得住煎熬。

还有我们的心态，健康乐观、处变不慌、宠辱不惊。中高考考的不仅是学习，还是心态。能保持良好的心态面对一次次模拟考试的成功或失败，处变不惊，大将风度，那么当你走上社会，也能坦然面对挫折和失败。

这些要求也许过高了，然而离开学校踏上社会是离不开它们的，那么与其怨天尤人，还不如在学校的时候好好修炼。在学校把应学的规矩学足，走上社会少摔跟头，学费也算花得值了。

六、但求耕耘，莫问收获

我生平最服膺曾文正两句话：“莫问收获，但问耕耘。”将来成就如何，现在想他则甚？着急他则甚？一面不可骄盈自慢，一面又不可怯弱自馁，尽自己能力做去，做到那里是那里，如此则可以无入而不自得，而于社会亦总有多少贡献。我一生学问得力专在此一点，我盼望你们都能应用我这点精神。

（节录自1927年2月16日致孩子们书）

译文 我生平最佩服曾文正两句话：“不要问收获，只问耕耘。”将来成就如何，现在想它干嘛？着急它干嘛？一方面不可以骄傲自满，一方面又不可以怯弱没有勇气，尽自己能力去做，做到哪里是哪里，如此就可以无论处在什么境遇都能保持中庸之道，安然自足，而对于社会多多少少总有些贡献。我一生学问得力的就在这一点，我盼望你们都能应用我这点精神。

感悟 在这则家书中，梁启超教育孩子们在治学方面“但问耕耘，莫问收获”，一切事都要沉住气。今后如何，不要去管它，只要想着今天做了什么，该做什么就是了。

人生本是一个过程，如果不去耕耘，就不能达到期望的结果。结果是等不出来的，所以要把握现在，努力耕耘，把收获当做一种自然而然的结果，享受这个耕耘到收获的过程，就会不虚此生。

我们常常鼓励孩子“一分耕耘，一分收获”，其实更成熟的心态应该是“但问耕耘，不问收获”。“水到渠自成”纵然好，但也有“欲速则不达”。“种瓜得瓜，种豆得豆”说的是过程决定结果，但结果经常是无法掌控的，故又有了“尽人事以听天命”之说。

英语庄老师很受学生喜欢。她给学生的赠言最常用的一句话就是“但求耕耘，莫问收获”。那是中考前的关键时期，学生很容易为考试成绩的起伏而失望懊恼，心神不宁。庄老师总是笑眯眯地在学生的目标卡上写上这句话安慰学生。语文老师则喜欢对学生说“不求尽如人意，但求无愧于心”。意思是一样的，都是注重过程，汗水并不代表成绩。在《告家长书》中，老师很真诚地写道：如果您的孩子努力了，成绩却不理想，请您千万不要批评和指责。“一分耕耘，一分收获”这句话并不全对。辛勤耕耘一季的农夫也会因为各种原因歉收或绝收。此时，孩子需要的是您真诚的帮助。请您帮助孩子扔下包袱，走出失败的阴影，认真地总结失败的原因，积极地探讨学习的方法。诚恳地告诉孩子，较之分数，您更看重他的努力。

作为家长，如果您有“但问耕耘，不问收获”的平常心，您的孩子的收获一定更多。我们班有一个男琦，一个女琪，成绩都很好。男琦的家长特别关心孩子的名次，考好了就奖励钱物，考差了就会多布置作业作为惩罚；女琪的爸爸对孩子的分数似乎不太在意，偶尔孩子考了第一，也不见他喜形于色，而是经常问孩子上课注意力是否集中，考卷上扣分的题现在会做没有。中考前的最后一次模拟考试，男琦考得特别好，进年级前十了。他爸兴高采烈地告诉我，要让孩子冲南师附中。我建议他别给孩子太大压力。结果男琦中考没有考好，而女琪则发挥得比较好，最后进了金陵中学。

在现实的生活中，我们常常急功近利，这一切就是因为我们太在乎目标的实现。其实只需一颗平常心，一颗像三毛所说的“即使不成功，也不至于是空白”的平常心，一颗“但问耕耘，不问收获”的平常心，你会在通往目标的路上轻松上阵。《老人与海》中，那个圣地亚哥老人，最终收获的虽然只是一条鱼骨头，可是他的坚持、他的顽强、他的执着，已经使他不朽而伟大了。如果光想着登台领奖的辉煌结果，却不顾默默无闻的辛勤过程，无异于杀鸡取卵、缘木求鱼。

其实人活着也就是一个过程，从一无所有、一无所知来到这个世界，到最后两眼一闭、两手空空离去；可谓生不带来，死不带去，活的就是过程。人生这趟旅程，最后一站全是死亡——“结果”都是一样，那为什么还要去拼搏奋斗呢？不就是为了有个精彩无悔的“过程”吗？

生活中，我们应该学会珍惜播种和耕耘中所经历的点点滴滴，珍惜奋斗道路上的每一次磕磕绊绊，当我们回望自己走过的路时，“不会因为虚度年华而悔恨，也不会因为碌碌无为而愧疚”，扪心自问时，可以很平静地说：“我尽力了。”

如果我们这样做了，让孩子看到了，并且对孩子的学习评价“不以分数论英雄”，更看重他们努力的过程，那么孩子们一定可以坚持耕耘，一定会有收获。

七、成才的关键是自身奋斗

你说:“照这样舒服几年下去,便会把人格送掉。”这是没出息的话!一个人若是在舒服的环境中会消磨志气,那么在困苦懊丧的环境中也一定会消磨志气。你看你爹爹困苦日子也过过多少,舒服日子也经过多少,老是那样子,到底志气消磨了没有?

我又很相信我的孩子们,个个都会受我这种遗传和教训,不会因为环境的困苦或舒服而堕落的。你若有这种自信力,便“随遇而安”的做现在所该做的工作,将来绝不怕没有地方没有机会去磨练,你放心罢。

(节录自1927年5月5日致孩子们书)

译文 你说:“照这样舒服几年下去,便会把人格送掉。”这是没出息的话!一个人若是在舒服的环境中会消磨志气,那么在困苦懊丧的环境中也一定会消磨志气。你看你爹爹,困苦日子也经历过,舒服的日子也经过不少,老是那样子,到底志气消磨了没有？

我又很相信我的孩子们，个个都会受我这种遗传和教训，不会因为环境的困苦或舒服而堕落的。你若有这种自信力，便“随遇而安”地做现在所该做的工作，将来绝不怕没有地方、没有机会去磨练，你放心吧。

感悟 梁启超的这部分家书主要是写给梁思忠看的。在梁启超的这些子女中，思忠的政治热情是最高的。到美国后，他首先选择了学习政治。随着国内形势的发展，思忠在海外也热血沸腾，竟提出终止学业回国参加“北伐”。梁启超最初是同意儿子回国的，但仅仅过去三个礼拜，梁启超的主张就完全改变了，他坦诚地说明了发生这种变化的理由：“现在所谓北伐，已完全停顿，参加他们军队，不外是参加他们火拼，所为何来？”“冒险总不是这种冒法。这是我近来对于你的行止变更主张的理由，也许你自己亦已经变更了。”梁启超对于儿子的冲动始终没有责备和埋怨，但他对于儿子所说“照这样舒服几年下去，便会把人格送掉”的话，却不能接受，明确讲“这是没出息的话！”他谆谆告诫这个儿子：“一个人若是在舒服的环境中会消磨志气，那么在困苦懊丧的环境中也一定会消磨志气。”“我又很相信我的孩子们，不会因为环境的困苦或舒服而堕落的。你若有这种自信力，便‘随遇而安’的做现在所该做的工作，将来绝不怕没有地方没有机会去磨练。”

梁公的这一段话，其实是反对思忠的“逆境出人才”，同时说明决定人是否成才的关键不是环境，而是个人的自信力。我们常说内因决定外因，决定一个人成才的关键是内因，即梁启超所说的自信力。这个词如何解释才最准确呢？或许是坚定的理想信念和个人的不懈努力。简而言之，梁启超的观点是青年成才的关键在于自身奋斗。

上世纪80年代初盛行的观点是“逆境出人才”。老师给我们讲的保尔、张海迪都是身有残疾之人，他们战胜了常人难以想象的困难，取得了成功。只有逆境才能使人坚强，才能使人成才。如今，人们所看到、听到的竟是“顺境出人才”的居多。穷人家孩子饭都吃不饱，没钱上学，要成才谈何容易？而近年的高考高分生鲜见出身寒门，他们的父母们多为教师、公务员，更不用说钱钟书、梁思成、林徽因等人，不是那么好的家境怎么能出国学习，最终成才呢？令人担忧的是，这种想法被越来越多的学生和家长接受。

初三时，给学生讲解孟子的“生于忧患，死于安乐”，又一次谈到了成才的问题，讲到了“外因决定内因”这种哲学常识。学生们渐渐认识到被逆境打倒的人很多，在顺境中丧失斗志的纨绔子弟更加多，环境不能决定人是否成才。

那么，决定成才的关键是什么呢？“所以动心忍性，增益其所不能”。逆境若能作用于人，使人变得坚强，战胜困难，困难才能成为成功的垫脚石。所以，决定一个人能否成才的关键是自身的奋斗。

“书山有路勤为径，学海无涯苦作舟”。当代青年成才的关键在于青年自身的不懈奋斗。综观古今中外，亚里士多德刻苦勤勉，孔老夫子孜孜不倦，周恩来为中华之崛起奋发为学，马克思更是在大英博物馆里留下了深深的脚印。事实证明只要是成才的，无一不是自身奋斗的结果。

当然除了自身奋斗，一个人成才还需要天时、地利、人和。简单地说就是良好的外部环境、机遇和人际关系的和谐。

所以说，要让孩子成才最重要的是帮助他树立远大的理想信念，并为之坚持不懈地努力。

八、教育孩子要引导不要打压

思忠呢，最为活泼，但太年轻，血气未定，以现在的情形而论，大概不会学下流，只怕进锐退速，受不起打击。……我对于这种志气，不愿高压，所以只把事业上的利害慢慢和他解释，不知他听了如何？这种教育方法，很是困难，一面不可以打断他的勇气，一面又不可以听他走错了路。

（节录自 1927 年 5 月 13 日致梁思顺书）

译文 思忠呢，最为活泼，但太年轻，心性还不成熟，以现在的情形而论，大概不会学得劣等，只害怕进步缓慢退步太快，受不起打击。……我对于他的这种志气，不愿太多压迫，所以只把事业上的利害慢慢和他解释，不知道他听了如何？这种教育方法，很是困难，一方面不可以打断他的勇气，一方面又不可以任由他走错了路。

感悟 1927 年 5 月 5 日，梁启超在写给孩子们的信中说：“现在所谓北伐，已完全停顿，参加他们军队，不外是参加他们火拼……自从党军发展之后，素质一天坏一天……这样不分皂白切葱一般杀人，死了真报不出账来。”1927 年 5 月 13 日，梁启超在写给梁思顺的信中又说：“思忠呢……他所择的术——政治军事——又最含危险性……你要就近常察看情形，帮着我指导他。”

俗话说“人不轻狂枉少年”，最近超女李宇春也唱着《再不疯狂我们就老了》，带动得一大批年轻粉丝跟着疯狂，就是我这七零后听着也热血沸腾。人年轻的时候，就是血气方刚，容易被热情冲昏头脑。思忠是一意报国，甚至不顾危险。我们的孩子呢？或者是要什么吃的、玩的、穿的，或者是和同学闹矛盾、被父母老师批评时都容易不听劝阻、大发脾气、一意孤行。

小毛就是这样的孩子，经常为一点点小事，跑出课堂躲起来，让老师和全班同学到处找他。班主任不止一次给他分析这样做的坏处，他都点头接受了。可到了第二学期，发生了一件很轰动的事。有一次，小毛数学才考了十几分，讲评课分析卷子时他却一题都不订正。班主任老师知道后火一下上来了。冲过去找他时，他还坐在位子上若无其事地看小说呢。老师拿起他的试卷就说：“你为什么考这么点分，试卷还不订正？这样到学校有什么用，还不如回家呢！”“回家就回家！”他起身就跑。等老师反应过来，他已经跑出了校门。学校立即联系家长，他妈妈说昨晚揍他了。这孩子很不省心，总是不好好学习，还不能说，一说就顶嘴。这样的事在家里已经司空见惯了。挨了打气得跑出家门也不是第一次了，由他去吧！

这一跑可了不得了！到了六点钟小毛还没回家，妈妈着急了，班主任也陪着一起找。这一通折腾，直到半夜也没找到，第二天继续，好在中午的时候在一家书店找到他了。老师问他出逃的原因，他说觉得没面子。老师答应以后不再在同学面前批评他。直到毕业，他在学校没有再出走，但是却多次从家里出走。老师和他父母沟通，让他们改变教育方式，不要一味地用打压的方式，孩子大了，教育方式一定要跟着改变。一直在暴力中成长的孩子，只会学会暴力。一定要把事情的利害关系好好地跟孩子沟通，让他知道一时冲动会给他人造成心理上的伤害，所以学会克制情绪非常重要。建议家长与孩子协商出可以遵守的协议。可是小毛父母认为这孩子就是被纵容坏了，一定要严厉管教，绝不能纵容。可怜的孩子！

中国传统的家长，习惯上“父为子纲”，要让孩子听从父母的。孩子小时候一般都是听的，即使不听，打一顿也就大多被迫屈服了。其实被迫屈服的孩子积攒着恨意，当他进入青春期时，叛逆就会来得特别强烈。如果父母再不改变教育方式，一味打压的结果只能是像鲧治水一样，越堵越泛滥。

孩子的不良情绪就像泛滥的洪水，需要疏导。我很喜欢“引导”这个词，看着小马般暴烈的孩子在你面前慢慢平静下来，接受你的意见，真是一件很有成就感的事情。这比声嘶力竭地训斥和抡起拳头打人让人愉快得多。当然，讲道理不一定会马上奏效，你一定要有足够的耐心和智慧，一遍遍讲，从不同角度讲，把握好讲的时机和火候，孩子一定会越来越成熟、理性的。千万不要等到发现你已经打不动他时再撒手不管。

教育孩子真的不是一件容易的事情。把它当做和你的工作一样重要，甚至比工作更重要的事情，从孩子出生前就开始学习吧。借助书本或别人家孩子的成长经验，循序渐进地学习，理论联系实际，开动脑筋，调动智慧，相信你会成为合格的家长而不是经验型的父母。

九、读书要博采众长

太单调的生活，容易厌倦，厌倦即为苦恼，乃至堕落之根源。再者，一个人想要交友取益，或读书取益，也要方面稍多，才有接谈交换，或开卷引进的机会。

我每历若干时候，趣味转过新方面，便觉得像换个新生命，如朝旭升天，如新荷出水，我自觉这种生活是极可爱的，极有价值的。我虽不愿你们学我那泛滥无归的短处，但最少也想你们参采我那烂漫向荣的长处。

（节录自1927年8月29日致孩子们书）

译文 太过单调的生活容易使人厌倦，进而产生烦恼，甚至成为人堕落的根源。而且，一个人想要交友得到好处，或者读书得到好处，也要在多方面进行接触，才有接谈交换，或者读书了解外界事物的机会。

我每次经过一段时间，趣味转向新的方面，便觉得像换了个新生命，像早晨的太阳升上天空，像新鲜的荷花浮出水面，我自己觉得这种生活是极其可爱、极有价值的。我虽然不愿意你们学习我那什么都喜欢的短处，但最少也想你们参考采纳一下我那爱好广泛的长处。

感悟 梁启超教给子女们学习和做学问的方法，要求他们不仅要注意专精，还要注意广博。1927年8月29日，他在给思成的信中说："思成所学太专门了，我愿意你趁毕业后一两年，分出点光阴多学些常识。尤其是文学或人文科学中之某部门，稍为多用点工夫。我怕你因所学太专门之故，把生活也弄成近于单调，太单调的生活容易厌倦，厌倦即为苦恼，乃至堕落之根源。""一个人想要交友取益，或读书取益，也要方面稍多，才有接谈交换，或开卷引进的机会。"梁启超还在给思庄的信中写道："专门科学之外，还要选一两样关于自己娱乐的学问，如音乐、文学、美术等。据你三哥说，你近来看文学书不少，甚好，甚好。你本来有些音乐天才，能够用点功，叫他发荣滋长最好。"

无论是治学还是在生活上，梁启超还主张趣味和乐观，他希望子女们也都能在这方面学习他。"我是个主张趣味主义的人，倘若用化学化分'梁启超'这件东西，把里头所含一种元素名叫'趣味'的抽出来，只怕所剩下仅有个零了。我认为：凡人必常常生活于趣味之中，生活才有价值。若哭丧着脸挨过几十年，那生命便成沙漠，要来何用？"

爱生活、爱读书、爱子女，在家书中，我们看到的不是一个严谨的学者、积极的社会活动家，而是一个情感真挚热烈的父亲。他坦率地和子女分享着自己的人生经验。即使用今天的眼光来看，他也是一位开明、智慧的父亲。

无论是人生还是学习都是充满趣味的。只有趣味才能吸引孩子像不知疲倦的小蜜蜂，采得很多花，酿出蜜来。鲁迅说："读书就像蜜蜂采蜜一样，倘若叮在一处，所得就有限。必须如蜜蜂一样，采过许多花，才能酿出蜜来。"读书要博采众长的道理说得再明白不过。

泰山不让土壤，故能成其大；河海不择细流，故能就其深。毛泽东坚持读书要博览群书、博采众长。他常常说，一个人的知识面要宽一些。1957年他亲笔写信给秘书林克，要他“钻到看书看报看刊物中去，广收博览”，表达了其对年轻人多读书的殷殷企望。青年时代的毛泽东在认定马克思主义是惟一能够救国救民的革命真理后，便始终坚定不移地信仰之。从1920年读第一部马克思主义著作《共产党宣言》开始，在其半个多世纪的革命生涯中，毛泽东始终坚持不懈、孜孜以求地研读马列著作。除此而外，他阅读的书籍涉及马列著作、文学、历史、哲学诗词曲赋、字帖字画、佛学典籍等方面。毛泽东阅读之广泛，令人叹为观止。

当然，要博览群书，一定要有浓厚的阅读兴趣。如何培养孩子的阅读兴趣呢？引导孩子广泛进行课外阅读，关键在于“氛围”的营造。良好的氛围会让学生积极地飞到浩瀚的书海里去翱翔，去感悟优美的语言文学，去享受知识、享受阅读，在阅读的广阔天地里自由地翱翔。

一个喜欢阅读的家庭，更容易培养出一个喜欢阅读的孩子；一个喜欢阅读的老师，更容易带出一批喜欢阅读的孩子。下面是一项《班级文化建设小组活动计划》的部分内容，希望与大家分享：

活动主题：共同营造创新、和谐、健康、幸福的班级文化氛围。

活动内容：(一) 建立图书角。老师负责推荐书目，学生每人认购3本以上(若家里有此书可以优先选择)。班级购买书架，营造读书氛围。

(二) 推介好书。每天夕会时间由学生轮流推荐已读书籍。并用此形式考查学生读书的认真程度。学生认真读完一本书可奖励3—5分。“读书累积厚度”。

(三) 开辟创作角。展示同学们创作的作品(绘画、摄影、科幻、校园小说、诗歌)，体现班级文化特色。“思想有多远，我们就能走多远”。

(四) 召开音乐烛光读书汇报会。间周一次周日晚自习，学生宣讲读书心得、推荐美文。让读书成为一种时尚。

（五）交流学习方法、学习经验。“赠人玫瑰，手有余香”。

（六）不定期设计出版主题班报，展示全班的精神面貌与协作精神。

（七）每学期完成一项少科院浪淘沙研究所研究课题，展现班级文化建设水准。

（八）创建班级博客。发表学生文章，传达班级建设理念，让家长了解班级最新动态，分享学习成果。

这里的每一项活动都由专门学生负责。每学期 2 次，评选 10 名最佳阅读者和班级文化建设积极分子，给予一定的精神和物质奖励。在师生的共同阅读中，不仅培养了孩子们浓厚的阅读兴趣，还增进了师生之间的感情。

“随风潜入夜，润物细无声”。在浓郁的书香班级环境中，孩子们视野开阔了，知识丰富了，心更美了，情更真了。

当然，我们这里只是针对孩子读书，强调要有浓厚的阅读兴趣和博览群书的习惯。实际上，梁启超的说法比这要宽泛一些。他的趣味主义是对生活而言，简单地说就是热爱生活：爱读书、爱运动、爱旅游、爱美食、爱新衣，爱一切美好的东西，开开心心地活过一年 365 天。“日出东山落西山，愁也一天喜也一天；遇事不钻牛角尖，人又舒坦心也舒坦；常与知己聊聊天，古也谈谈今也谈谈；不是神仙胜似神仙，愿君快乐到永远”。

当然，这种积极乐观的生活态度如果不只是喝喝小酒、逛逛街，而且是充实地工作、积极地求知就更好了。

十、体会“慢阅读”

凡做学问总要“猛火熬”和“慢火炖”两种工作循环交互着用去。在慢火炖的时候才能令所熬的起消化作用融洽而实有诸己。

专门科学之外，还要选一两样关于自己娱乐的学问，如音乐、文学、美术等。……做学问原不必太求猛进，像装罐头样子，塞得太多太急，不见得便会受益。

（节录自1927年8月29日致孩子们书）

译文 凡是做学问总要“猛火熬”和“慢火炖”两种工作循环交替着去用。在慢火炖的时候才能令所熬的起到消化作用、融会贯通而实际被自己吸收。

专业科学之外，还要选取一两样关于自己娱乐的学问，比如音乐、文学、美术等。……做学问原就不必太求很快地前进，像装罐头那样子，塞得太多太急，不见得便会受益。

感悟 梁启超在给孩子们的信中嘱咐思成“你已经熬过三年了，这一年正该用炖的工夫。不独于你身子有益，即为你的学业计，亦非如此不能得益”。也叮嘱思庄“我方才教训你二哥，说那